1964년 어느 종교 이야기

조성윤 지음

979-11-960016-4-3(03900)
2019046049

이 도서의 국립중앙도서관 출판예정도서목록(CIP)은 서지정보유통지원시스템 홈페이지
(http://seoji.nl.go.kr)와 국가자료종합목록구축시스템(http://kolis-net.nl.go.kr)에서
이용하실 수 있습니다.
(CIP제어번호 : CIP2019046049)

1964년 어느 종교 이야기

초판발행 2019년 11월 18일

지은이 | 조성윤
펴낸이 | 김미정
펴낸곳 | 당산서원

　　　주 소 (63246) 제주시 간월동로 48-6번지 대림빌라 1동 106호
　　　전 화 010-3027-0560
　　　팩 스 064)724-5413
　　　전자우편 hayanjib1204@hanmail.net
　　　블 로 그 http://blog.daum.net/namu-dal
　　　등 록 2016년 3월 17일 제2016-000012호
인　쇄 | (주)바나나아이디씨

ISBN　　979-11-960016-4-3(03900)
값　　　15,000원

사사표기
이 도서는 한국출판문화산업진흥원의 '2019년 우수출판콘텐츠 제작 지원' 사업 선정작입
니다.

1964년

어느 종교 이야기

당산
서원

차 례

일본침략정신 분쇄투쟁회
'한국적 창가학회'를 만들자는 움직임
조직의 와해와 회원의 균열

제1장 새 나라에서 잘살아 보세

1964년, 경제개발계획

이 책의 초고를 읽던 지인들이 제목에 1964년이라는 연도가 들어간 것을 보고는 이구동성으로 책의 제목을 바꾸는 게 좋겠다고 했다. 한국전쟁이 났던 1950년도 아니고, 올림픽이 열렸던 1988년도 아닌 1964년에는 특별한 역사적 사건이 없다는 것이었다. 굳이 '1964년'을 쓰기 보다는 독자들의 호기심을 불러 일으킬 만한 제목이 좋다는 말에 수긍했다. 그래도 김승옥의 소설 '서울, 1964년 겨울'을 떠올리는 독자가 있지 않겠냐고 '1964년'을 고집하는 나에게 지인은, 김승옥의 소설을 알고 읽는 사람이라 해도 권력이니 종교니 하는 이 연구서에는 관심이 없을 것이라고 했다. 이 책의 초고를 읽고 조언을 해 주는 자리에서 내려진 결론은 제목에서부터 내용까지 이 책은 독자들의 눈길을 받지 못한다는 것이었다. 그래도 나는 1964년을 책의 제목으로 삼았다.

내 장인은 1964년에 결혼하셨고 그 해 겨울에 내 아내가 태어났다. 장인은 제주도의 가난한 농촌 마을에서 농사를 지으며 자수성가를 한 만큼, 내가 그 때의 일들을 물을 때마다 자신이 살아냈던 시간을 술술 풀어내신다. 박정희의 새마을 운동 당시 그는 마을의 개발위원으로 일했고 시설원예 작목반장을 맡았다. 마을회관에서는 아침저녁으로 마을 방송이 나왔다. '잘 살아보세'라는 노래를 들으며 그는 밭과 집을 오갔고, 근면과 성실이 결실을 맺어 마침내 가난을 벗을 수 있었다. 나는 제주도 '농촌 근대화'의 산 증인으로서 그의 이야기를 흥미롭게 듣는다.

장인은 박정희 대통령의 경제개발 5개년 계획과 새마을 운동을 자주 말씀하신다. 특히 가난에서 벗어나고 싶어서 세웠던 자신만의 '경제개발 5개년 계획'을 자랑스럽게 생각하신다. '경제개발 5개년 계획'은 박정희의 국가 운영 방침이었다. 대통령의 경제개발 계획은 농사 외에는 선택지가 없던 가난한 젊은이에게 롤 모델이 되었던 것이다.

　그의 개인사를 듣다 보면, 나는 그가 새마을 시대의 농부로서 박정희의 시간을 함께 살았음을 느끼곤 하였다. 가난한 제주의 농부가 새 둥지를 만들어 가정을 꾸린 1964년과 가난한 나라의 대통령으로 새 나라를 만들어 나가고자 했던 박정희의 1964년은 묘하게 얽힌다.　장인이 가난을 벗기 위해 실천했던 가정경제의 계획이, 박정희의 국가 경제개발 5개년 계획에서 힌트를 얻었음은 물론이다.

　1964년은 제3공화국이 시작되고 박정희 대통령이 본격적으로 국정을 시작한 해다. 그 해에 많은 일이 일어났다. 역사로 기억되는 사건도 있지만, 이제는 잊혀진 사건도 많다. 사건으로 크게 다루어지긴 했으나, 역사적 의미를 파악하지 못하고 지나쳐버린 일도 많았다. 나는 이 책에서 1964년에 한국에서 일어났으나 잊혀진 일 중 하나를 다룰 것이다. 그 일은 국가가 종교의 포교를 금지시킨 사건이다.　그 사건의 바탕에는 반일 감정과 유사종교에 대한 한국 사회의 문화적 특징이 있었다. 나는 이 사건을 통해 박정희가 대통령이 되어 국정을 운영하기 시작한 1964년은 어떤 시대였고, 그때 국가권력은 국민을 어떻게 취급했으며, 대한민국을 어떤 방향으로 끌고 갔는가, 그리고 그 시절에 일어난 일들이 지금 우리에게 어떤 의미를 갖는지 생각해 보려고 한다.

제3공화국의 시작

1963년 대통령 선거에서 당선된 박정희 대통령의 취임식이 12월 17일에 있었다. 하지만 연말 분위기 속에서 조용히 지낸 제3공화국 정부는 1964년이 되면서 비로소 활동을 시작했다. 그런 점에서 1964년은 대한민국 제3공화국이 본격적으로 출범하는 첫해였다. 이때 시작된 박정희의 통치는 1979년 10월 26일, 박정희 대통령의 사망으로 막을 내리므로, 이때부터 박정희의 시대는 16년간 계속된다. 그 첫 단추를 어떻게 꿰맸는지를 살펴보는 일은 정권의 성격을 이해하는 데 중요하다.

1948년에 남한 만의 총선거가 실시되었다. 선출된 국회의원들이 모여 대한민국 헌법을 제정했고, 국회에서 대통령을 선출하면서 제1공화국이 출범하였다. 비록 남과 북이 분단되어 통일 정부를 수립하지는 못했지만, 제1공화국은 오랫동안 중세 왕정에 익숙해 있던 한민족이 왕정을 벗어나 헌법을 제정하고 입법, 사법, 행정의 권력 분립을 바탕으로 만든 첫 번째 근대 국가였다.

그러나 근대 국가의 출발은 순탄치 않았다. 해방 후 38선 이북에는 소련군이, 이남에는 미군이 들어와 군정을 폈다. 북쪽에는 일찌감치 소련이 지지하는 김일성 그룹에 의한 사회주의 정권이 수립되었다. 반면, 남쪽에서는 미군정이 실시된 상황에서 여러 정치 세력이 각축을 벌였다. 미군정은 사회주의 세력의 집권을 허용하지 않았고, 결국 한국 정치에서 사회주의 세력이 제외되었다. 이승만으로 대표되는 친미 세력과 일제에 협력했던 행정 관료와 경찰, 그리고 지주 세력이 힘을 합쳤고, 총선거 이후 대한민국 수립은 이들 손에 맡겨졌다.

대한민국이 출범했지만, 1948년 제주도에서는 '4·3 사건'이 있었고, 전라남도 여수에서는 '여순 사건'이 일어났다. 1950년에는 동족끼리 총을 겨누는 내전이 일어났다. 6·25를 겪으면서 대한민국 국민들은 큰 고통을 받았다. 더 큰 문제는 초대 대통령 이승만이 절대 권력을 행사하고 싶어 했기 때문에 생겨났다. 그는 자신이 필요할 때마다 헌법을 뜯어고치고, 경찰과 깡패를 동원해 부정선거를 자행하면서 권력을 유지했다. 대통령 자리는 조선국 군주의 연장선상에 있었다. 때문에 제1공화국의 정치는 근대 국가의 면모를 갖추지 못하고 있었다.

그런 점에서 1960년에 일어난 4·19혁명은 뒤늦게나마 한국 민주주의가 출발한다고 알리는 신호탄이었다. 4·19혁명은 이승만 정부의 부정부패를 응징하고자 학생과 시민이 일어선 것이었다. 이승만 정권은 국민에게 항복했고 새 대통령으로 윤보선이 당선되며 제2공화국이 탄생했다. 제2공화국은 이 땅에서 공화정을 실험하는 첫 번째 정권이었다. 하지만 제2공화국이 자리도 잡기 전에 군부 쿠데타로 1년 만에 막을 내렸다. 5·16혁명이라 불린 박정희의 쿠데타였다.

　1961년 5월부터 등장한 군사혁명위원회가 행정과 경찰을 장악하고, 한편으로는 중앙정보부를 설치하여 정치권을 장악, 통제하였다. 박정희를 비롯한 청년 장교들은 경제개발을 통한 근대화를 최우선 목표로 내걸고, 잘 살게 해 주겠다고 국민을 설득했다. 그들은 군복을 벗고 민간인 신분으로 선거에 입후보하여 국회의원 선거와 대통령선거에서 승리하였다. 1963년에는 박정희가 대통령이 되고, 청년 장교 출신들이 만든 공화당이 의회의 다수당이 되었다. 민주정치가 아닌 군부 독재정치의 시작이었다.

한일회담을 원했던 이승만

　1961년의 군정 초기부터 박정희 세력은 일본과 협상을 벌여 경제개발 자금을 조달하고 싶었다. 그래서 쿠데타를 성공시킨 직후부터 이승만 정권 때 중단했던 한일회담을 다시 추진했다. 흔히 한일회담하면, 한일협약이 체결된 1965년을 떠올리지만, 한일 양국 간의 회담은 한국 전쟁이 한창이던 1952년 이승만 대통령 때부터 시작되었다. 이승만 정권은 정부수립 직후부터 일본과 통상관계를 맺고 싶어 했다. 이승만 대통령은 정부수립 직후인 1948년 10월 22일에 발표한 성명에서 "나는 일본과 한국에 정상(正常)한 통상 관계가 재확립되기를 희망한다. 우리는 과거를 망각하여야 할 것이며, 또한 망각할 것이다. 만일 일본인이 한국인을 진정으로 대한다면 우호 관계는 일신될 것이다."[1]라고 하였다.

반일 정책을 강력히 추진한 것으로 알려진 이승만 대통령이 이 성명에서는 일본을 향해 과거 36년간의 식민지 지배를 사과하라거나 배상하라는 요구를 전혀 하지 않았다. 우호증진을 위해 지난 일은 우리가 먼저 잊을 테니 앞으로 잘 지내보자고 따뜻한 말을 건넨 것이다. 왜 이런 성명을 발표했을까.

1948년 정부수립 당시 한국 경제는 미국의 원조에 전적으로 의지하고 있었다. 갑갑했던 이승만은 혹시 일본으로부터도 경제적으로 도움을 얻을 수 있지 않을까 기대하고 과거를 잊겠다고까지 말하면서 적극 손을 내민 것인데, 일본은 아무 반응이 없었다. 당시 일본 정치인들은 한국과 협상할 생각이 없었다. 전쟁이 끝난 후 미국은 일본을 점령하고 군정을 실시했다. 그런데 미국은 일본의 천황제를 유지하게 해주고 전범자들에게 면죄부를 주었으며, 전쟁 전의 보수 지배 세력에게 전후 일본의 통치를 맡겼다. 일본에게 2차 대전 패배의 모든 전쟁 책임을 면제해 주는 대신, 공산주의를 막아낼 방어 임무를 맡겼다. 그러면서 '미국의 파트너'라는 환상을 심어주었다. 미국은 일본이 평화헌법을 만들게 하는 한편으로 자위대를 창설하라고 지시했다. 이렇게 되자, 일본 정치가들은 한국과 중국에 대한 식민지 지배를 반성하지 않았다. 전쟁으로 점령하고 고통을 안겼던 아시아 각국에 대한 사죄와 반성은 물론

---

1) 이승만 연설문, 1953, 「한일통상에 대하여」, 『대통령 이승만박사담화집』, 공보처.

전쟁 책임에 따른 배상도 외면하고 지나갔다.

　미국의 중재로 1952년부터 열린 한일회담 석상에서 한국 대표는 침략과 식민지 지배에 대한 사죄와 피해 배상을 일본에 요구했지만, 일본 대표들은 식민지 지배를 사과하지 않았다. 그들은 식민지 지배는 합법적이고 당연한 것이었으며, 일본이 조선을 식민지로 지배하는 동안 근대화시켜 주었다고 했다. 아시아·태평양 전쟁에 강제 동원되었던 조선인의 희생에 대한 배상도 할 생각이 전혀 없었다. 그들은 오히려 태평양전쟁의 패전으로 귀국한 일본인들이 조선 땅에서 일구었던 재산을 두고 왔으니 되찾겠다고 나왔다. 이렇게 한일회담은 대표단 사이에 날카로운 공격만 주고받다가 결국 1953년에 아무런 결실도 맺지 못하고 결렬되었다.

　일본정부로부터 상당한 배상금을 받을 수 있을 것이라는 기대는 물거품이 되었다. 그러자 화가 난 이승만 대통령은 일본을 강하게 비판하면서, 국가 정책으로 반일 교육을 강화하기 시작했다. 초중고 교과서에 반일 교육의 내용을 싣게 하고, 학생과 시민을 동원해서 반일 집회를 개최하였다. 한국 전쟁 이후 공산 정권과의 대결에 주력하며 반공을 강조하던 이승만 정권은 한 걸음 더 나아가 반공反共과 함께 반일反日을 국가 지상과제로 내세운 것이다.

　일본에 대한 두려움과 경계심은 이승만뿐만 아니라 당시 많은 한국인들이 공유했던 현실적인 대일 인식이었다. 식민지 지배를 받으며 일본의 통치를 경험한 한국인들은 일본이 민주국가가 된다고 믿을 수 없었다. 일본이 제국의 영광을 회복하고자 재무장하여 한국을 침범하고 아시아의 평화를 위협할 것이라고 여겼다. 이승만은 이러한 한국인들의 반일 감정을 정치적으로 이용했다. 이 승만의 대일 강경정책은 그의 독재정치를 은폐하고, 대중으로부터 손쉽게 지지를 얻어내어 권력을 강화하는 정치적 수단이었다. 반일 교육은 언론의 지지를 받았고, 반일 감정은 학생들은 물론 일반 시민들에까지 확산되어 갔다.

전제 군주처럼 행동하며 지내던 이승만은 부정 선거를 통해 권력을 유지하려 하였다. 그의 권력은 1950년대 내내 계속되었지만, 더 이상 오래 가지 못했다. 이승만 정권은 경찰과 공무원을 동원해서 부정 선거를 저지르다가 1960년 4월 학생과 시민의 힘에 무너졌다. 그리고 장면 정권의 제2공화국이 들어섰다. 장면 정부 역시 한일회담을 추진했으나, 진척이 되지 않았다. 일본의 태도에 변함이 없었기 때문이었다.

박정희의 한일회담

박정희 대통령의 가장 큰 업적이라고 일컬어지는 경제개발은 1961년 5·16 쿠데타 직후인 그해 7월, 종합 경제재건 5개년 계획을 발표한 것이 시작이었다. 박정희 군사 정권은 1962년부터 1966년까지 제1차 경제개발 5개년 계획을 추진한다고 청사진을 제시하였다. 박정희의 혁명공약에서도 '반공을 제1의 국시로' 삼는 동시에 '절망과 기아선상에서 허덕이는 민생고를 시급히 해결하고 국가

자주 경제재건에 총력을 경주한다'고 밝혔듯이, 경제개발은 시대적 과제였다. 그러나 경제개발을 위해 투자할 돈이 없었다. 게다가 미국의 원조는 줄어들고 있었다. 박정희는 마음이 급했다. 그래서 일본에 기대기로 작정하고 일본 측에 한일회담을 다시 열고 싶다고 제안했다. 박정희 역시 이승만과 마찬가지로, 경제개발을 위해 필요한 자본을 일본으로부터 얻고자 한 것이다.[2]

1962년에 한일회담이 다시 열렸다. 이때도 미국이 회담을 중재하였다. 그러나 한일 대표단 사이의 회담은 지지부진했다. 일본 측은 여전히 식민지 지배를 사죄할 생각이 없었고, 전쟁에 조선인을 동원했던 책임도 인정하지 않았다. 그러자 박정희는 방법을 바꾸었다. 김종필 중앙정보부장을 밀사로 파견하여 막후 회담을 추진한 것이다.

김종필 중앙정보부장은 일본 외무상 오히라 마사요시大平正芳와의 비밀회담 끝에 1962년 11월 12일, 대일청구권 문제에 대한 합의를 끌어내었다. 두 사람은 합의 사항을 메모로 교환했는데, 이것을 '김·오히라 메모'라고 부른다. 그 내용은 첫째, 일본이 10년간 무상으로 3억 달러를 지불할 것, 둘째, 경제협력 명목으로 차관 2억 달러를 제공할 것, 셋째, 민간 상업차관으로 1억 달러 이상을 제공한다는 것이었다. 박정희 정권은 일본으로부터 식민지 지배에 대한 반성과 사과를 받을 생각이 없었다. 태평양전쟁 시기에 강제 동원

---

2) 이준식, 2002, 「박정희시대 지배이데올로기의 형성: 역사적 기원을 중심으로」, 한국정신문화연구원 편, 『박정희시대 연구』 서울, 백산서당, 194-206쪽.

되었던 희생자들에 대한 배상도 요구할 생각이 없었다. 이 권리를 포기할 테니 대신 경제협력 자금을 달라고 간청했다. 박정희와 김종필은 당장 돈이 필요했을 뿐 아니라 역사적 문제에 큰 관심이 없었으므로 식민 지배의 불법 문제를 얼버무린 채 넘어갔다. 그리고 '청구권'에 의해 배상금을 받는 것이 아니라 '독립 축하금'이라는 명목으로 돈을 받고 모든 청구권을 해소하는 것으로 결말지었다. 이 메모는 정식 회담이 아닌 밀실 합의였을 뿐만 아니라, 1964년 말에 메모의 존재가 폭로되어 심한 반발을 불러일으키기 전까지 비밀사항이었다. 박정희가 군복을 벗고 대통령선거를 거쳐 대통령이 되기까지, 불리한 내용을 감춰둔 것이었다.

1963년 당시 박정희를 비롯한 군부 집권세력은 일본과의 협상에서 굴종적인 자세로 임한다는 비난을 받고 있었다. 물론 일본으로부터 받을 자금의 정확한 액수는 알려지지 않은 상태였지만, 언론과 대학교수 및 지식인, 그리고 대학생 세력은 박정희를 비롯한 군부 정치인들을 나라 팔아먹는 친일 세력으로 규정하고 비난을 퍼부었다. 그런 가운데 1963년 10월 대통령선거에서 박정희 후보가 당선된 것이다. 이런 불안한 정치 상황 속에서 새로 출범한 제3공화국 박정희 정권이 앞길을 어떻게 헤쳐 나갈지, 대한민국의 미래를 어떻게 만들어 갈지 관심을 모으고 있었다.

1964년 1월 한 달 동안 한국사회에서 가장 큰 이슈는 정치, 경제, 국제 뉴스가 아니었다. 그동안 일반인들에게 전혀 알려지지 않았던 창가학회라는 일본의 신종교 단체가 한국 포교를 하고 있다는 뉴스였다. 반일 정서가 폭넓게 깔려 있던 한국사회에서, 그리고 한일회담이 진행 중이라 일본계 종교가 한국사회에서 퍼지고 있다는 뉴스는 대중들에게 큰 관심을 불러 일으켰다. 1964년 10일부터 전국 일간지에 등장하기 시작한 창가학회 관련 기사가 매일같이 쏟아지던 1964년 1월 18일, 정부는 문교부 장관의 이름으로 창가학회 관련 담화문[3]을 발표하였다.

창가학회에 대하여 문교부는 사계의 권위자로써 심의회를 구성하고 그 유래, 교지와 국내 포교실태 등을 검토한 결과 이는 발생지인 일본에서도 다방면으로 물의가 없지 않을 뿐만 아니라 소위 황국적皇國的 색채가 농후하여 국수주의적이고 배타적인 집단으로 단정되는 만큼, 종교단체이냐 사이비 종교단체이냐 또는 정치단체이냐를 가릴 것조차 없이 우리 국가 민족의 처지로서는 반국가적 반민족적인 단체로 규정될 수밖에 없으며, 이는 우리 민족정신을 흐리게 함으로써 간접적인 정신적 침략을 면치 못할 것이 우려된다는 관점에서 당장이라도 전 국민이 협심 단결하여 이의 만연을 방지할 필요가 절실하다는 결론에 도달하였다. 국민 여러분은 민족적 자각과 자주 국민으로서의 긍지를 가지고 이의 만연을 방지하는 데 적극 협력하기 바란다.

---

3) 문화공보부 총무과, 『기타불교단체(창가학회)』, 소장기관 국가기록원, 관리번호 BA0103891, 161쪽.

담화문에서 문교부 장관은 창가학회가 "황국적 색채가 짙고 국수주의적이고 배타적인 집단"으로 민족정신을 흐리게 할 우려가 있다고 반국가 단체로 규정하였다. 그리고는 온 국민이 협심 단결하여 창가학회를 막아야 한다고 했다. 담화문 발표 이후 국무회의에서는 창가학회 포교 금지를 국가 정책으로 승인했고, 경찰은 전국 경찰을 동원해서 창가학회 집회와 포교활동을 단속했다.

당시 한국사회에는 이미 일본계 신종교인 천리교가 많이 퍼져 있었고, 한국 종교도 일본에 포교를 하고 있었다. 그리고 대한민국 헌법에는 신앙의 자유가 명시되어 있었다. 그런데도 정부가 천리교는 놔두고 창가학회만 골라서 포교 금지 명령을 내린 이유는 무엇일까. 그리고 이 명령은 언제까지 계속되었을까. 다음 장에서는 문교부 장관이 일본의 정신적 침략이라고 주장한 창가학회에 관해 알아보기로 하겠다.

제2장 창가학회

창가교육학회의 출발

중세 사회든 근대 사회든, 신종교가 출현하는 가장 큰 이유는 불교, 유교, 도교, 기독교 등 그 사회에 널리 퍼져 있는 종교가 새로운 시대가 필요로 하는 정신적인 양식을 사람들에게 제공하지 못하기 때문이다. 변화하는 사회에 적응하고 대처하지 못한 기존 종교는 방황하는 민중들에게 삶의 의미를 깨닫게 해주거나 살아가는 방향을 제시하지 못하는 것은 물론, 지배세력에 아부하거나 자신이 지배세력이 되면서 부패한다. 기존 종교의 부패를 극복하고 종교 본연의 모습을 되찾고자 할 때 신종교가 탄생한다.

물론, 신종교는 맨땅에서 솟아나는 것이 아니다. 신종교는 대부분 전통종교를 바탕으로 교리를 새롭게 해석하거나, 의례 또는 종교 조직을 재구성하면서 출발한다. 해외로부터 흘러들어오는 경우도 있다. 새로 등장하거나, 외부에서 흘러들어온 신종교가 새로운 복음으로 받아들여지는 것은 결코 쉽지 않다. 그러나 신종교의 교리와 의례가 민중이 원하는 이야기를 들려주고 구원의 길을 제시할 때 이야기는 달라진다. 신종교가 짧은 기간 동안 빠르게 성장하면 소문을 듣고 많은 사람들이 몰려들게 마련이다.

반대로 기득권을 갖고 있는 종교 세력은 신종교의 성장에 경계심을 갖게 되고, 초기 단계에서부터 싹을 자르려고 정치권력의 힘을 빌려 탄압에 나선다. 이 과정에서 쉽게 꺾이고 사라지는 종교가 있는가 하면, 시련을 극복하고 오히려 더 단단한 조직력을 키우면서 거대 종교로 발돋움 하는 경우도 있다. 오늘날 전 세계에 널리 퍼진 가톨릭, 개신교, 불교 모두 초기 형성과정이나 전파 과정에서 커다란 시련을 겪었음은 잘 알려진 사실이다.

중세에서 근대로 넘어오는 전환기에 신종교가 대량 발생하였다. 이는 유럽은 물론이고 중국, 일본, 한국 등에서도 마찬가지다. 메이지유신 이후 일본에서는 천리교天理教, 오모토교大本教, 영우회靈友會, 입정교성회立正佼成會 등 많은 신종교가 출현했고, 새로 등장한 교단들이 일본 사회의 종교 지형을 바꿔놓았다. 이 교단들보다는 출발이 늦었지만, 창가학회 역시 근대 일본이 제국주의로 치닫던 시기에 등장하였다.

창가학회의 창립 모태는 창가교육학회創価教育學會이며, 설립자는 마키구치 쓰네사부로牧口常三郎이다. 1871년생인 마키구치는 사범학교를 졸업하고 교사가 되었다. 홋카이도北海道에서 소학교小學校[4] 교장으로 일하던 그는 1901년에 동경으로 이주하였고, 1903년 32세 때 『인생지리학人生地理學』이라는 연구서를 출판하여 좋은 평가를 얻었다. 마키구치는 교육학자로서 근대 일본 교육 체계를 개혁하는 데 관심이 많았다. 그는 메이지유신 이후 새롭게 전개된 근대 학교 교육 시스템이 문제가 있다고 생각했다. 특히 학교에서의 애국주의 교육의 문제점을 극복하여 합리적인 방향을 제시하고자 하였다. 그는 교육개혁 원리로 창가교육創価教育을 제시했다. 창가란 '가치를 창조한다'는 뜻을 담고 있었다. 삶 속에서 새로운 가치를 창조해 나가는

---

4) 소학교는 한국의 초등학교에 해당된다.

주체적인 인간을 기르는 것을 교육의 목표로 삼은 것이다.

마키구치는 1928년에 일본의 불교 교단 일련정종日蓮正宗의 신자가 되었다. 그때부터 그는 창가교육학 원리와 13세기의 일본의 승려인 니치렌日蓮의 신앙을 하나로 묶어 새로운 사상을 만들었다. 학문적인 차원의 교육원리와 종교의 가르침을 묶는 것인데, 이것은 남들이 해보지 못한 새로운 시도였다. 마침내 그는 1930년, 자신의 교육론에 동조하는 사람들을 모아 창가교육학회를 설립하였다. 그리고 이 단체는 일련정종의 재가신도단체在家信徒團體로 활동하게 된다.

니치렌日蓮의 불교

가마쿠라鎌倉 시대까지 일본에서는 불교가 줄곧 지배층을 위한 종교였다. 백제를 통해서 불교를 받아들였지만 상당히 오랫동안 민중들에게 널리 퍼지지 못하였다. 가장 큰 이유는 불교 경전을 이해하기 위해서 고도의 전문지식이 필요했기 때문이었다. 소수의 지식층, 특히 승려들만이 불교 경전을 이해했고, 그들은 지배층을 위해서 활동하였다. 그런데 12세기 가마쿠라 시대에 접어들면서 불교의 경전을 새롭게 해석하는 승려들이 다수 출현하였고, 그들의 가르침을 받아들이는 수용층이 확대되었다. 새로운 종파로 정토종淨土宗, 정토진종淨土眞宗, 시종時宗, 임제종臨濟宗, 조동종曹洞宗 등이 생겨났고, 13세기에는 일련종日蓮宗도 등장하였다. 가장 널리 유행한 종파는 정토종, 정토진종, 시종 등이었는데, 이들 종파는 염불을 중요시하였기 때문에 염불종念佛宗이라 부르기도 한다.

정토종의 창시자인 호넨法然과 정토진종을 창시한 제자 신란親鸞이 염불종의 중요한 인물이다. 한편, 잇펜一遍은 '한 번 염불하여 아미타불과 일체가 된다'며 '나무아미타불南無阿彌陀佛'이라고 쓴 종이를 배포하면서 일본 전국을 순례하며 염불을 전했다.

비슷한 시기에 등장한 니치렌은 이들과는 다른 길을 제시하였다. 그는 불교 경전 가운데 법화경法華經, 곧 묘법연화경妙法蓮華經이 가장 중요한 진리를 담고 있다고 보았다. 그는 법화경에 담긴 석가모니 부처의 가르침에 따라 그가 태어난 시대야말로 자연재해가 빈발하고, 사회혼란이 크게 일어나는 말법末法의 시대라고 규정하였다. 니치렌은 염불종이 현실을 외면하고 죽은 뒤의 구원만을 강조하고 있다고 비판하면서 현세에서 성불하자고 주장하였다. 법화경에는 말법 시대에 새로운 진리로 구원의 빛을 제시할 상행보살上行菩薩이 등장한다. 니치렌은 자신이 바로 세상의 종말과 같은 말법 시대가 왔을 때 앞서 나가 민중을 구하는 상행보살이라고 주장하였다. 그의 이러한 주장은 언뜻 보면 서양 기독교의 메시아 출현과 비슷해 보인다. 하지만 니치렌은 민중들 하나하나가 모두 부처가 될 수 있다고 역설했다는 점에서 기독교 메시아의 출현과는 크게 다르다.

니치렌은 신자들에게 시주를 많이 한다고 부처가 되는 것이 아니라고 말했다. 또한 불경을 베끼며 도를 닦는 서사행書寫行보다 법화경의 가르침을 익히고 실천하는 것이 더 중요하다고 가르쳤다.

이렇게 기존에 나무아미타불을 부르며 기원하는 염불종念佛宗을 비판한 니치렌은 대중들의 신앙방법으로 '제목題目'을 부르라고 가르친다. 창가학회에서는 '남묘호렌게교'를 부르는 것을 '창제唱題'라고 한다. 그는 대중들에게 아침저녁의 근행과 함께 제목 '남묘호렌게교南無妙法蓮華經'를 반복해서 부르며 기원하라고 하였다. '남묘호렌게교'는 '묘법연화경의 진리에 귀의하겠다'는 뜻이다.

그는 또한, '사람은 누구나 불성佛性을 지니고 있으므로 스스로 깨닫는 것이 중요하니 숭배 대상이었던 불상佛像을 치우라'고 가르쳤다. 그렇지만 나중에는 남묘호렌게교南無妙法蓮華經라고 적은 만다라를 불단의 자리에 놓게 한다. 이 만다라를 본존本尊이라고 한다.

니치렌은 신앙 방법으로서 다른 종교의 가르침을 배격하고 진리를 다른 사람에게 적극 포교하는 절복折伏을 강조하였다. 니치렌은 기존 불교 종파를 비판하면서, 사회 개혁을 주장하였기 때문에 탄압을 받았고 여러 차례 유배를 당했다. 그러나 니치렌의 가르침은 신선한 것이었으므로 그가 죽은 다음에도 민중들은 그가 알려준 신앙을 계속 이어갔다. 그랬기 때문에 그를 종조宗祖로 받드는 일련종日蓮宗은 일본 불교의 한 흐름으로 정착할 수 있었다.

그러나 일련종은 세월의 흐름 속에서 다시 기성 종교와 타협하여 각종 불상을 들여놓는 등 일본 불교의 평범한 종파로 흡수되어 버렸다. 이렇게 기성종교와 타협하며 신선함을 잃고 있던 일련종에서 갈라져 나온 소수 종파가 일련정종日蓮正宗이다. 일련정종은 니치렌의 사상을 바르게 잇고자 불상을 배격하였으며, 니치렌의 가르침을 가장 정확히 계승한다고 자부하였다.

마키구치의 창가교육학회

마키구치 쓰네사부로가 시작한 창가교육학회는 단순한 학회도 아니요, 그렇다고 새로운 종교단체가 출현한 것도 아니었다. 중세 일본 불교에서는 신도 단체信徒團體가 교단 안에서 활동하도록 했다. 일련정종에도 이미 법화강法華講이라는 신도 단체가 있었다. 마키구치는 창가교육학회를 신도 단체로 규정했다. 이것은 창가교육학회 회원이 되면, 동시에 일련정종의 신자가 되도록 했음을 의미한다. 그는 좌담회座談會를 개최하면서 학회원들에게 '대선생활大善生活'을 실천하도록 하였다. 이것은 가치를 창조하는 근대적인 인간상을 제시하고 그 실천을 권유하는 것이었다. 1930년에 창가교육학회는 뜻을 같이 하는 몇 명으로 출발하였지만 1940년경에는 일본 안에서 약 3천 명이 입회하는 수준이 되었다.

메이지유신明治維新 이후 일본정부는 에도江戶 시대에 우위를 차지하던 불교를 밀어내고, 신도神道를 중심으로 일본의 전통 신앙을 체계화하였다. 신도는 다시 천황제와 결합되면서 모든 국민의 의무로 격상되었다. 이에 따라 국가가 곧 천황이고, 천황이 일본 민족의 상징으로 자리 잡았다. 태평양전쟁이 시작된 뒤부터 일본 정부는 다른 종교단체에 소속된 신자들에게도 신사참배를 강요하면서, 불교, 개신교 등 각 종교 교단의 통폐합까지 강요하였다. 이 명령에 따라 장로교, 감리교 등의 개신교 교단들은 모두 일본 그리스도교 교단으로 통폐합되었다. 불교에도 같은 명령이 내려졌다. 그러나 일본 내에서 개신교보다 훨씬 규모가 큰 불교 교단의 통폐합은 쉽지 않았다.

일련정종의 승려들은 다른 불교 교단들과 합치라는 명령을 거부했으나 신사참배를 하라는 것에는 동의하였다. 일종의 타협책이었다. 승려들이 앞장서서 신사를 참배하고, 신사에서 발행하는 신찰(부적)을 가져와 모시는 일이 시작되었다. 일련정종의 승려들은 신자들에게 신사참배를 하도록 하였고, 이 명령은 일련정종의 신도단체였던 창가교육학회에도 내려졌다.

마키구치는 니치렌의 가르침에 위배된다면서 신사참배를 거부하였다. 이런 동향을 예의 주시하던 고등경찰은 1943년 7월 6일, 그와 창가교육학회 간부들을 치안유지법 위반 및 불경죄로 체포해 감옥에 가두었다. 마키구치는 이 때 72세였다. 경찰의 조사가 시작되자, 창가교육학회의 간부들은 대부분 신념을 포기하고 정부 방침에 따르겠다고 밝혀 감옥에서 나왔지만, 마키구치와 그의 제자인 도다 조세이戶田城聖는 신념을 지키면서 버텼다. 그러다가 마키구치는 1944년 11월, 옥중에서 사망하였다.

도다의 출옥과 생명론

전향을 거부하던 도다는 1945년, 태평양전쟁의 종식 직전에 출옥한다. 도다는 전쟁 후 폐허의 땅이 된 일본에서 전통 불교는 물론 기독교와 다른 신종교들도 대중들에게 삶의 의미를 제공해주지 못하고 있다고 진단하였다. 전쟁의 폐허 위에서 일본의 대중들은 가난과 질병과 가정불화에 시달리고 있었다. 도다는 대중들이 현 상황을 헤쳐 나갈 힘을 얻고, 삶의 의미를 깨달으며 기쁘게 살아가 도록 도와야 한다고 생각하였다. 그래서 그는 스승의 개혁 사상을 계승하는 한편으로 사회 전체를 구원하는 생명의 원리를 대중들에 게 전하고자 하였다.

도다는 스승인 마키구치의 뜻을 살려 창가교육학회를 재건한다. 1946년에 그는 '창가교육학회'의 이름을 '창가학회'라고 바꾸고, 자 신이 감옥에 있을 때 얻은 종교 체험을 바탕으로 새로운 종교 운동 을 시작하였다. 그는 감옥 안에서 법화경을 읽으며, 우주 속의 모 든 생명과 생명이 맞닿아 있기 때문에 인간은 우주의 생명과 공명 하면서 생명력을 얻을 수 있다고 깨닫는다. 그는 누구든 법화경을 읽으며 '남묘호렌게교'를 창제唱題한다면, 인간의 생명력을 회복하 고, 에너지를 얻게 된다는 확신에 이르렀다. 이에 도다는 자신의 깨달음을 바탕으로 생명론을 설파했다. 그가 회원들에게 제시한 신앙의 첫 걸음은 근행勤行과 '남묘호렌게교南無妙法蓮華經'라는 제목의 창제였다. 그는 아침저녁으로 근행을 하고, 제목을 부르며 기원하 다 보면, 생명의 기쁨을 느낄 수 있고, 몸과 마음의 병도 고치고 가 난도 극복할 수 있다고 했다.

태평양 전쟁에서 패배한 일본 땅에서 일본 국민들은 희망도 자신 감도 잃고 있었다. 가난과 병고에 시달리던 일본인들에게 그의 가르 침은 희망의 메시지가 되었다. 그의 신앙방법은 에도 시대 이래 포 교력을 잃어버린 일본 불교의 교리와 의례에 근대적인 옷을 입혔고, 대중들이 더 쉽게 불교의 진리에 닿을 수 있도록 이끌었다.

법화경의 근행과 스스로 예불

창가학회 회원의 활동은 근행과 창제가 바탕이다. 재가신도단체在家信徒團體였던 창가학회는 승려들의 예불 관행을 신자 스스로 집에서도 예불을 할 수 하도록 의례 규칙을 새로 만들었다. 창가학회 회원이 되면, 근행과 창제라는 의례 규칙을 따라 매일 아침과 저녁에 승려 없이 예불을 드릴 수 있게 되었다. 그러니 모든 신자의 '승려화'를 추구했다고 말해도 좋을 것이다.

일본에서는 에도 시대가 끝나는 1800년대 후기까지만 해도 승려가 아닌 일반 불교 신자들 중에 글자를 읽을 수 있는 사람이 많지 않았다. 그러나 메이지유신 이후 대중교육이 확산되었고, 누구나 학교의 기본교육을 받게 했으므로, 일반 신자들은 글자를 읽을 수 있게 되었고 경전 독송도 비로소 가능해진 것이다. 창가학회의 근행은 근대적인 교육 시스템의 확립과 밀접한 관계가 있다.

일본 창가학회 회원들이 근행할 때 갖고 다니는 작은 책자에는 한자 옆에 히라가나로 한자음을 달아놓고 있다. 이러한 방법은 한자를 읽지 못하는 사람도 스스로 신앙생활을 할 수 있게 한다. 근행을 오래 해 왔던 신자들은 경전을 자주 읽으며 익숙해졌기 때문에 경전을 보지 않고 암송하는 것이 가능해진다. 그래서 합동 근행을 할 때는 경전을 읽는 일정한 리듬이 생긴다.

창가학회의 근행과 창제 의례는 각각의 회원들이 자기 집안에서 하는 것이므로 이를 할지 말지는 개인이 정하기 나름이다. 마음속에 간절한 기원 목표가 있는 사람은 그 목표를 마음에 새기면서 '남묘호렌게교'를 부른다. 창가학회 신자와의 인터뷰에서 근행과 창제에 대한 그의 생각을 엿볼 수 있다.

  – 아침과 저녁에 항상 근행을 하십니까?
  – 밤에도 한 10분, 아침에도 10분 하는데 남묘호렌게교는 30분 올려도 되고 10분 올려도 되고 1시간 올려도 되고 많이 올리면 많이 올릴수록 복이 붙습니다. 그런데 간단히 말하면 한 번 남묘호렌게교를 부르면, 우리가 목욕탕에 가잖아요. 가면 때를 밀잖아요. 이 때가 하나 떨어지듯이 남묘호렌게교 한 번 부르면 자기 죄가 하나 떨어져요. 남묘호렌게교를 한 시간 하면은 진짜로 때가 떨어지고 내 몸에 복이 붙어요. 내 몸에 북이 붙으면 자식이랑 주위 사람들이 나를 따라와요. 나도 또 진실하게 말을 하고, 내가 거짓말이 없어지게 됩니다. 그렇게 하면은 신용이 생기지지 않습니까. 그러면 모든 것이 일이 잘 되지 않습니까?[5]

  창가학회 회원들이 하는 근행과 창제는 만다라 본존, 즉 부처를 만나는 것이다. 근행과 창제의 과정 속에서 '남묘호렌게교'를 반복하는 동안 일정한 리듬을 타면서 점차 집중을 하게 된다. 이때 기원하는 사람은 우주만물의 원리, 생명력이라 부르는 궁극적인 관심(ultimate concern)과 만나게 된다. 그러므로 근행과 창제는 회원이 스스로 주체가 되어 집행하는 의례이면서 신앙체험이다.

---

5) 조성윤 · 김미정, 2013, 『숙명전환의 선물』, 도서출판 한울, 34쪽.

도다는 회원들에게 근행과 '남묘호렌게교'를 통해 생명의 기쁨을 느끼면서 법화경의 진리를 따라 살아가라고 설파했다. 그리고 다음 단계로 자신이 느낀 신앙의 기쁨을 주위 사람들에게 나누어 주도록 가르쳤다. 신앙을 전파하는 것, 즉 회원들의 포교활동을 절복활동이라 한다. 포교를 통해 많은 사람에게 자신의 신앙체험을 알리고, 생명의 진리를 전파하면 할수록 자신에게 복이 더 많이 돌아온다고 했다. 이러한 가르침으로 회원들은 주위 사람들에게 자신들의 신앙을 많이 알릴수록 자신의 공덕을 쌓게 된다고 여겼다.

적극적인 너무나 적극적인 절복활동

1951년부터 도다의 제안에 따라 '절복대행진折伏大行進'이라는 이름의 포교布教 운동이 시작되었다. 도다가 채택한 절복折伏이라는 포교 방식은 일반인들뿐만 아니라 다른 종교를 믿는 신자들까지도 창가학회로 끌어들이는 적극적인 활동이었다. 회원들에게는 절복교전折伏教典이라는 책자가 주어졌다. 회원들은 이 책자를 공부해서 절복활동에 활용했다. 회원들은 포교 활동을 하면서 다른 종교는 사종邪宗이니 믿지 말고, 정교正教인 창가학회를 믿으라고 하였다. 창가학회만을 믿으라는 회원들의 포교 방식은 주위 사람들을 어리둥절하게 만들었고 급기야는 사회적 반감을 샀다.

이 시기에 창가학회 회원들은 집안에서 조상의 위패를 모시는 불단을 꺼내 마당에서 불살라 버렸다. 농촌마을에 거주하던 회원들은 마을의 관행이던 신사 마츠리祝祭나 사찰 청소 참여도 거부하였다. 다른 공동체와의 비타협적 신앙은 종교계뿐만 아니라 전통적인 공동체 질서까지도 흔드는 것이었다. 일본의 기존 불교 종단과 기독교, 그리고 입정교성회 등 다른 신종교 교단들과의 마찰은 필연적이었고 사회적 비난도 거셌다.

요미우리신문読売新聞을 비롯한 기성 언론들은 창가학회 회원들의 적극적인 포교 활동에 대해 우려와 비판을 쏟아냈다. 창가학회 간부들은 자신들이 급성장하는 만큼 비판이 덮쳐오는 것이 당연하다고 여겼고, 이를 극복하기 위해서 더욱더 분발하여 포교를 진행하자고 회원들을 독려했다.

도다의 사상과 정계진출

도다는 다음 단계로 정치 활동을 제시하였다. 도다는 사회가 행복해지려면 정치가 제대로 이루어져야 한다고 생각하고 있었다. 그가 보기에 일본 정치가들은 사리사욕을 채우기 위해 권력 쟁탈에 전념할 뿐이었다. 정당도 정치 패거리 집단에 지나지 않는다고 보았다. 도다는 부패한 정치 때문에 민중의 삶이 희생당한다고 여기면서 자신들의 교리를 실천하는 방안으로 제시한 것이 왕불명합王佛冥合의 교리였다.

왕불명합은 창가학회의 정치활동을 뒷받침해주는 이론적 근거가 되었다. 그것은 종교의 원리가 정치 차원에서 실현되는 것을 의미한다. 즉 불교의 가르침을 사회 속에서 정치적으로 실현하자는 도다의 지휘에 따라 창가학회는 공명당을 결성하고 의회에 진출하였다. 1950년대 중반부터 시작된 의회 참여 활동은 1963년 단계에 이르면 지방의원 수백 명과 참의원 15명을 당선시키는 단계까지 나아갔다. 당선자들은 공명정치연맹公明政治聯盟을 결성했고, 1964년에 정식으로 공명당公明党이라는 정당으로 발전하였다.

공명당은 당의 강령인 왕불명합을 기본 이념으로 한 종교 정당이었다. 창가학회는 정치지향성이 강한 운동단체이고, 정치 진출은 이 단체의 자연스러운 발전 과정이었다. 이러한 창가학회의 정치 참여에 놀란 기성 정치인들과 언론은 창가학회를 주목하게 되었다.

패전 이후 일본 사회에서는 종교 통제가 사라져 다양한 신종교가 출현하고 있었다. 입정교성회, 영우회 등 여러 종교들이 일본 시민들의 관심을 끌었는데, 그중에서도 가장 빠른 속도로 성장한 종교가 창가학회였다. 창가학회는 일본인들의 사이에서 1950년대부터 1960년대까지 가난하거나 병에 들었거나 현재의 삶에서 돌파구를 찾고 싶어 하던 사람들에게 강한 전파력을 갖고 파고 들어갔다. 엄청난 기세로 바람을 일으키며 성장했고, 도시하층민들을 중심으로 급속히 퍼져 나갔다. 창가학회 신자들의 열정적인 포교 활동으로 창가학회는 성장을 거듭했다.

도다는 자신이 죽기 전에 75만 세대로 회원 수를 늘리겠다고 선언하였는데, 1958년 그가 숨을 거두기 전에 창가학회 회원은 이미 80만 세대를 넘어섰다. 신종교 단체가 이렇게 빠른 속도로 회원을 늘리고, 또 정치까지 진출한 경우는 일본은 물론 다른 나라에서도 찾아보기 힘든 경우였다. 일본 사회 내에서 창가학회의 급성장을 보면서 가장 크게 위협을 느낀 세력은 정치계와 종교계였다.

그러자 자민당自民黨은 물론 공산당共産黨까지도 창가학회가 앞으로 일본의 기존 정치권력구도를 뒤흔들어 놓을 것이며, 자신들을 위협할 세력으로 보게 되었다. 창가학회가 정치 진출을 선언하고 활발하게 움직이자, 집권 여당인 자민당은 물론, 진보 정치 세력인 사회당社會黨과 공산당이 크게 긴장하고 창가학회의 정치 진출을 비판하기 시작하였다. 특히 공산당은 자신들의 조직기반인 도시 하층민들이 빠른 속도로 창가학회 회원이 되자, 위기감마저 느끼게 되었다. 때문에 창가학회에 대한 비판 여론을 조성하는 데 힘을 쏟았다.

이러한 사회분위기는 기성 언론에 반영되었다. 요미우리신문을 비롯한 기성 일간지와 각종 잡지들은 창가학회 관련 기사를 앞다투며 실었는데, 흥미 본위로 왜곡한 기사가 대부분이었다. 창가학회의 포교 활동 중에서 발생하는 각종 충돌과 부정적인 사례들이 기사화 되었다. 특히 창가학회가 기성 종교 단체에 비해서 훨씬 체계적인 조직 구조를 형성하고, 선거에서도 강력한 단결력을 과시하면서 공명당의 후보들을 당선시키자, 언론들은 이를 다투어 보도하면서 과거 군국주의 파시즘 단체들과 비교했다. 창가학회에 대한 우려와 추측이 담긴 보도가 신문과 방송과 잡지에 넘쳐났다.

일본의 개신교와 가톨릭, 전통 불교는 물론이거니와 천리교, 입정교성회, 영우회 등도 신종련新宗連이라는 신종교 연합단체를 만들었다. 창가학회에 대항하는 조직을 결성한 것이다.

이케다 다이사쿠池田大作의 해외포교

1958년 회장 도다 조세이가 세상을 떠났다. 창가학회는 교단을 일으켜 세우고 절복대행진을 이끈 지도자를 잃는 위기를 맞았다. 일본의 종교계는 도다 회장의 사망으로 창가학회 조직이 와해될 것으로 기대하였다. 그러나 그렇게 되지 않았다.

2년 뒤인 1960년에 학회 간부들은 30세의 이케다 다이사쿠池田大作를 회장으로 뽑았다. 1960년은 일본 고도성장기의 한복판이었다. 이케다가 목표로 내건 것이 1964년까지 회원을 300만 세대로 늘리는 것이었는데, 1962년 11월에 조기 달성하였다. 그리고 1972년까지 600만 세대로 두 배 늘리자고 다음 목표까지 내걸었다.[6] 그러나 그 정도에 멈추지 않았다. 창가학회는 해마다 약 100만 세대라는 엄청난 기세로 회원을 늘려가기 시작했고, 창가학회 회원은 이때부터 다시 폭발적으로 늘어 1970년대가 되면 700만 세대를 넘어서게 된다. 그리고 공명당이 참의원은 물론 중의원까지 진

---

6) 田原総一朗, 2018, 『創価学会』, 毎日新聞出版, 제2장.

출하여 자민당, 사회당에 이어 제3당의 지위까지 확보하기에 이르렀다.

또 한 가지 주목할 것은 3대 회장 이케다 다이사쿠를 중심으로 시작한 해외로의 포교활동이었다. 그는 1960년 가을부터 미국, 캐나다, 브라질을 방문하였는데, 이것이 해외 포교의 시작이었다. 1960년에 창가학회 본부에 비로소 해외부가 설치되어 활동을 시작했지만, 1960년대 당시, 창가학회 본부는 해외 포교에 대한 종합대책을 수립하지는 못한 상태였다. 이 시기 만들어진 해외 조직도 대부분은 그 지역으로 이주한 일본인 회원들이 간부를 맡았고, 회원도 일본인뿐인 지역이 많았다. 1962년에 미국, 브라질, 영국 등지에서 지역 모임이 시작되었다. 미국, 유럽, 홍콩 등에서 그 지역으로 이주한 회원들이 개별적으로 포교를 하고 있었다.[7]

창가학회 회원들은 자신이 이주한 국가에서 포교활동에 적극적이었다. 그러나 예외 지역이 있었다. 바로 한국이었다. 1960년부터 창가학회의 해외선교가 시작되었다고는 하지만 창가학회 본부는 아직 본격적인 해외 포교 정책을 마련하지 못했다. 그런 상태에서 반일 감정이 강한 한국에 대한 포교는 생각도 하지 못하고 있었다.

그런데 일본의 창가학회 회원 중에는 재일한국인들도 있었다. 재일한국인은 1945년 일본의 패전 후에도 한국에 돌아오지 못하고 있던 사람들이었다. 일본에서는 그들을 자이니치在日라고 불렀고 한국에서는 재일교포, 또는 재일동포라고 부르다가 요즘은 재일한

---

7) 秋庭裕, 2017, 『アメリカ創価学会<SGI-USA>の55年』, 新曜社, 제1장.

국인이라고 부르고 있다.[8] 어릴 때 고향에서 살다 일본으로 건너간 재일한국인 1세들은 특히 더 고향과 가족에 대한 애정이 깊었다. 그들은 창가학회 회원이 되고 나자, 자신의 신앙 체험을 고향 사람들과 친척에게 전하기 시작했다. 그들을 통해서 한국에 창가학회 회원이 생기기 시작했다.

해외부는 한국 여기저기서 재일한국인들에 의해서 조금씩 포교가 이루어진다는 사실은 알았으나 창가학회 본부가 직접 한국에서의 포교 활동에 관여하지는 못했다. 한국에 창가학회 회원이 늘어나는 것은 일본의 교단 본부로서는 환영할 만한 일이었다. 그러나 일본 창가학회 본부가 나서기에는 국교도 맺어지지 않은 상태여서 한국은 여러모로 조심스러운 곳이었다. 다만 창가학회 해외부는 재일한국인들이 제출한 한국의 연락처로 창가학회 신문과 잡지, 그리고 근행에 필요한 책자를 보내주는 한편, 그들끼리 서로 만나도록 정보를 제공하고 있었다.

---

8) 조성윤, 2013, 『창가학회와 재일한국인』, 도서출판 한울, 제2장.

창가학회와 재일한국인

창가학회에서는 인간이 죽은 다음의 극락을 강조하지 않는다. 살아있는 이곳에서 자신이 불성을 깨우치고 실천하는 것을 중요시했다. 신앙의 실천 방법도 생활 속에서 스스로 신앙을 잘 실천하면, 곧 그 증거를 볼 수 있다고 했다. 삶을 힘들게 하는 문제에서 벗어날 수 있는 신앙은 대중들에게 매력이 있었다. 아픈 사람은 병이 낫고, 가난한 사람은 가난에서 벗어나고, 가족은 화목해진다는 창가학회의 가르침은 고난에 처한 사람에게 하나의 돌파구가 되었다.

절복은 어렵거나 복잡한 방법을 사용하지 않았다. '일단 믿어 보라. 본존을 앞에 두고 남묘호렌게쿄를 올리며 기원하라, 이것을 반복하는 과정에서 새로운 삶이 전개되기 시작할 것이다. 병이 낫고, 가난을 벗어나고, 가정의 불화를 해소하면서 즐거운 삶을 살게 될 것이다. 창제를 시작하고 나면 병이 낫거나 가난을 벗어나거나, 아니면 가정불화가 해소되는 공덕을 받게 되며 그 다음부터 믿음이 커져간다'고 알려 주었다.

자신의 신앙을 다른 사람에게 전하는 절복활동은 주변 사람들에게 관심을 갖는 일이었다. 이는 절복을 하는 입장에서나 그것을 받아들이는 입장에서나 모두 긍정적인 연대를 만들었다.

2006년에서 2009년 사이, 나는 일본에 거주하는 재일한국인 창가학회 회원들을 조사한 바 있다. 조사를 통해, 일본의 패전 후에 일본 땅에서 지내던 한국인들의 생활을 엿볼 수 있었다. 그리고 어떻게 해서 그들이 창가학회 회원이 되었는지를 듣게 되었다.

저는 재일한국인 3세입니다. 할아버지 할머니가 한국에서 일본으로 건너오셨어요. 창가학회는 외할머니 때부터 했어요. 외할머니가 창가학회에 입회한 이유를 여러 번 들었어요. 외할머니가 열여덟 살에 일본에 건너오셨는데, 첫 번째 결혼한 사람은 죽어버리고, 두 번째 남자는 일을 안 하는 사람이었는데 또 죽었고, 여자 혼자 아이 네 명을 키우지 않으면 안 되었다고 해요. 여자인데 일본말도 잘 안 되고 해서 아이들을 키우기 위해서 동네에서 고물을 주워서 팔고, 남이 입던 옷을 받아서 팔고 하면서 아주 힘든 생활을 했어요. 신발을 주우면 그걸 돈으로 바꾸고 그렇게 해서 겨우겨우 밥을 먹고 살았대요.

동네에 리어카를 끌고 다니면서 "필요 없는 옷 없어요?"하고 버린 물건들을 모아서 팔면서 살았다고 해요. 그때 저희 어머니도 어렸으니까 그 리어카에다가 싣고 일을 하러 다녔대요. 어머니는 아기였으니까 리어카에서 기어 나와서 혼자 여기저기로 가 버리고는 했대요. 가지 말라고 해도 할머니가 물건 주우러 갔을 때 혼자서 리어카에서 내려서 남의 집에 들어가 버리곤 했는데, 하루는 아기 혼자서 또 어떤 집에 들어가 버렸대요. 할머니는 그 집에 가서 "저희 아이가 들어가서 죄송해요" 라고 했는데 그 집의 주인이 창가학회 사람이었어요. 그 집 사람이 친절한 사람이어서 할머니에게 헌 옷을 가져가라고 했대요. 그리고 할머니에게 "이 생활을 바꿀 수 있어요. 제목을 하세요!"라면서 신심을 알려 주었어요. 그래서 할머니도 그 인연으로 신심을 하기 시작했어요. 제목을 해보라고 해서 할머니가 시작했어요. [9]

---

9) 조성윤 · 김미정, 2013, 『숙명전환의 선물』, 도서출판 한울, 90-91쪽.

가난한 재일한국인을 보고 생활을 바꿀 수 있다는 희망을 전하는 일본의 창가학회 회원, 그걸 받아들여 창가학회 회원이 된 재일한국인은 같은 종교를 믿는 테두리 속으로 들어가게 된다. 재일한국인들은 이때 가난하기도 했지만 병에 걸려 고생하는 사람들도 많았다. 요즘과 같이 의료체계도 발달하지 않았고, 쉽게 의사를 찾아가 병을 고칠 형편도 안 되던 때이니, 가족 중에 누구라도 병에 걸리면 가족 전체의 삶이 흔들렸다.

저희 외할머니는 1917년에 한국에서 태어나서 아홉 살에 일본으로 건너오셨어요. 효고 현에 오셔서 결혼하셨어요. 외할머니는 신장이 나빴어요. 가난했기 때문에 고생이 심했는데 같은 마을에 사는 일본 사람이 창가학회를 권유했다고 해요. 그 일본 사람이 "지금 시대는 100엔도 그냥 얻어지지 않는다. 자기 인생은 자기가 노력해서 개척해야 한다"고 했답니다. 그 말을 듣고 할머니는 동생에게 돈을 빌리러 갔을 때 동생이 돈을 빌려주지도 않고 냉랭하게 대하던 생각이 나서, "그래 내 인생을 내가 노력해서 살아가야지"라고 생각하셨다고 해요. 할머니는 1962년에 창가학회에 입신하였어요.[10]

이렇게 가난하고 병으로 고생하던 재일한국인들이 하나 둘 창가학회 회원이 되었다. 그러나 당시 재일한국인 사회에서는 창가학

---

10) 조성윤 · 김미정, 윗글, 62쪽.

회 회원이 되는 것을 못마땅하게 생각하는 사람들도 많았다. 일본에 거주하면서도 그들은 유교식 제사를 하였고, 무당을 불러 굿을 하기도 했다.

제가 고등학교 3학년 때 아버지가 돌아가셨어요. 아버지가 돌아가시자 어머니는 본존님을 안치하셨어요. 그러자 제 할머니가 엄청나게 화를 내셨어요. 할머니는 우리 어머니가 본존님을 숨겨서 갖고 있었기 때문에 아버지가 돌아가신 거라면서 "네가 우리 아들을 죽였다!" 하면서 막무가내로 울고 소리를 질렀어요. 할머니는 고모들과 함께 우리 집에 와서는 살림을 부수고 어머니가 안치해 놓은 본존님을 부수었어요.

아버지 장례가 끝난 후에는 할머니가 무당들을 불렀어요. 그 무당이 돌아가신 아버지 대신 할머니에게 말을 하기도 하고, 제 어머니께도 말을 걸기도 했어요.[11]

1950년대와 60년대, 가난한 재일한국인들에게 구원의 손을 뻗고 있던 창가학회 역시 일본 사회 안에서는 비난받는 존재였고, 또 다른 의미에서 일본 사회 속의 마이너리티였다. 그런 의미에서 본다면, 당시 창가학회에 들어간 재일한국인은 민족적 차별과 종교적 차별이라는 이중적 차별 속에 놓여 있었던 셈이다.

---

11) 조성윤 · 김미정, 윗글, 64쪽.

저희 때는 조센진이라고 차별받았죠. 그래서 한국인이라고 말을 못했어요. 지금은 인간적인 차별은 없지만 아무래도 제도상으로는 취직할 때라든지, 아직까지 남아 있어요. 하지만 창가학회에 들어가서는 한국인 차별을 전혀 못 느꼈어요. 일본에서 살면서 재일한국인을 차별하지 않는 일본 사람을 창가학회에서 처음 만났습니다. 창가학회에 들어가니까, 그런 것이 겉으로인지 속으로인지는 모르지만은 하나도 없었어요. 그런 면에서 창가학회가 전 세계의 종교라는 것을 깨달았습니다.

일본에 살면서도 제가 한국인이라는 생각을 하고 있었지만, 일본 사회에서 이렇게 일본 사람들과 서로 편안하게 가정 문제, 부모 문제, 생활 고민 그런 것을 상의도 하고, 지도도 받고 그런 것이 창가학회에 들어가서 처음이었습니다. 저로서는 그런 면에 감동을 느끼고 있고 감사한 생각이 듭니다.[12]

가난과 질병, 차별의 상황에서 재일한국인들이 굳이 창가학회 신자가 된 것은 국가나 민족, 또는 국적이 그들을 보호해주는 울타리 역할을 거의 하지 못했던 반면 창가학회에서 보호 받는 느낌을 받았기 때문이다.

그들에게는 민족 아이덴티티보다 종교적 아이덴티티가 훨씬 강했다. 정치보다는 종교에서 삶의 구원을 얻을 수 있었기 때문이었다. 사회적 비난을 받는 종교이기는 해도 일단 창가학회 신자가 되면 조직 내에서는 민족 차별을 느끼지 못하고 오히려 자신의 어려

---

12) 조성윤 · 김미정, 윗글, 54쪽.

움을 이해해 주고 위로해 주는 사람들을 만날 수 있었다. 창가학회 회원이 된 재일한국인들은 포교를 통해 다른 사람도 구원하고 싶었고, 그들이 떠올린 사람은 고향의 친척들이었다.

제가 여덟 살 때 제주도에도 사변이 일어나서 먹을 게 없었어요. 우리 고향에서 어렵게 고통 받는 어머니들에게 이 믿음을 널리 퍼지게 하고 싶었어요. 이 믿음을 믿으면 눈에 보이지는 않지만 마음속에서 샘물이 퐁퐁 나와요. 그래서 한국 사람들이 이 신심을 가졌으면 해요. [13]

우리 아버지도 애국심이 강했어요. 친척들이 한국에 있었거든요. 동생도 있었고 친척들이 굶고 있었기 때문에 아버지가 자기 돈으로 미깡 밭을 사 주고 그걸로 생활을 하라 하였지요. 본인이 일본에서 창가학회 입신해서 성공했기 때문에 곤란한 한국 사람들의 생활을 돕기 위해서 이것을 해야 한다고 생각하고 있었지요. 제주도에 미깡 밭을 두 개 사서 친척에게 주었습니다. 우리 형제들은 누구도 대학에 안 갔지만 한국의 미깡 밭을 위해서 열심히 일을 했어요. 친척들은 나중에 대학에 갔다고 들었습니다. [14]

두 사례는 제주도 출신 재일한국인의 이야기다. 재일한국인 1세들은 1960년대 초부터 한국으로 돌아와 친척과 고향마을 사람들,

---

13) 2006년 7월 20일, 동경, 재일한국인 창가학회 회원 平山○○ 인터뷰.
14) 2006년 11월 2일, 오사카, 재일한국인 창가학회 회원 新井○○ 인터뷰.

그리고 친구들에게 적극적으로 창가학회를 전파하였다. 반일 감정이 강했던 당시 한국사회에서 창가학회를 전파했던 재일한국인들은 바로 이러한 강력한 종교적 아이덴티티의 소유자들이었고 애향심과 가족애가 강했다.

전후 일본사회에서 재일한국인들은 절반 이상이 실업 상태에 있었고, 대부분 하층민이었으며, 과거 식민지 지배를 받았던 조선 출신이라고 많은 차별을 받고 있었는데, 일본인 창가학회 회원들은 재일한국인들을 차별 하지 않았다. 차별이 심한 일본 사회 안에서 차별을 받지 않을 수 있는 세계가 있음을 안 재일한국인들이 창가학회 회원이 되었다. 창가학회 신자가 된 재일한국인들은 자신의 삶이 바뀌자 자연히 주변 사람들에게도 불성의 진리를 알리고 같이 행복해지는 공덕을 쌓고 싶었다. 재일한국인 회원들은 죽어서가 아니라 지금 살고 있는 이 세상에서 행복을 찾을 수 있다는 '남묘호렌게교'를 자신의 부모와 형제, 그리고 자신이 자란 마을 주민들에게 전해주었다.

하지만 당시 한국과 일본 사이에는 국교가 없었다. 따라서 한일 간의 왕래는 절차도 복잡하고 결코 쉽지 않은 시기였다. 그런데도 그들 중에 가족과 고향마을을 방문하는 수가 늘어나기 시작했다. 그들은 고향을 방문했고, 포교 대상은 고향마을의 가족, 친척, 친구, 그리고 이웃 주민들이었다.

한국에 건너온 창가학회

전국 다른 어느 지역보다도 재일한국인의 비중이 컸던 제주도에서는 1959년부터 창가학회 포교가 시작되었다. 대도시인 서울이나 부산, 대구 지역으로부터 제주로 전파된 것이 아니고, 일본에서 거주하다가 돌아온 제주출신에 의해 직접 창가학회 포교가 진행되었다. 그러나 포교는 조직적이지 않았다. 제주지역 방면장을 역임한 김승범 부이사장은 제주 지역의 초창기 창가학회 모습을 다음과 같이 말했다.

처음에는 주로 재일교포들이 시작했습니다. 일본으로 건너간 재일교포들이 그 때 일찍 불법을 받았습니다. … 모슬포 쪽이 제일 빨랐어요. 그 다음에 산지(건입동) 아니면 광령 지역이고, 서귀포는 서귀포 대로, 하효는 하효 대로. 산발적으로 누가 하는지도 모르고, 산발적으로 본존님을 모시고, 신앙을 배우고 책을 보면서 했다가 일본글을 아는 분들은 그렇게 해서 하다가 1975년도 여름에 저희들이 제대로 조직을 결성했습니다. 광양 구 시외버스 터미널 조그만 한 건물을 방 하나 빌려서… [15]

제주에서의 포교는 재일한국인들이 시작했고, 제주지부가 결성된 것은 1975년부터이다. 그 전까지는 회원들끼리도 서로 누가 하

---

15) 조성윤, 2005, 「제주도에 들어온 일본종교와 재일교포의 역할」, 『耽羅文化』 제27집, 제주대학교 탐라문화연구소.

고 있는지 알지 못하고 있었다.

김승범이 말한 대로 제주도에 창가학회의 교리가 알려진 것은 모슬포 쪽이 가장 빨랐다. 1964년 경향신문에는 강태문을 비롯한 모슬포의 마을 주민들이 창가학회 회원이 된 이야기가 실렸다.[16] 1959년 경, 재일한국인 이종호는 고향인 대정읍 모슬포에 돌아왔는데, 조카 강태문이 병에 걸려 있었다. 그는 조카 강태문에게 창가학회의 교리를 설명하면서, 이 신앙으로 병을 고치라고 알려주었다. 그 후 동네 사람들에게 소문이 퍼져 창가학회 회원이 14명으로 늘었다. 이들은 교리서로 '일련정종 근행요전'을 갖고 있었다. 경찰은 이 경전을 압수했다. 일본에서 인쇄된 이 책에는 한자 옆에 한글로 한자음이 달려 있었다. 이는 이종호가 일본어를 읽지 못하는 고향의 사람들이 경전을 읽을 수 있도록 일본어로 된 근행요전에 한글을 달아주었던 것으로 보인다. 이 경전을 읽으면 좋다고 들은 사람들은 시간 여유가 있을 때나 집안에 우환이 있을 때는 하루 종일 경전을 읽었다. 마을 사람들은 창가학회 회원들이 하루 종일 웅얼거리는 듯 소리를 냈기 때문에 '미친 놈'이라고 수군거렸다.

창가학회의 포교는 재일한국인이 신앙을 받아들이고 나서 가족, 친족이 받아들였고, 동네 사람들로 확대되었는데, 병에 걸린 사람들이 특히 쉽게 받아들였다. 50-60년대의 제주 사회도 일본 사회와 마찬가지로 의료체계가 미비하여 제대로 된 병원도 별로 없었고, 진료를 받을 기회가 거의 없었다. 한국의 농촌 사람들이나 저

---

16) 경향신문 1964년 1월 16일 7면.

소득층에게는 기도로 병을 고칠 수 있는 이 종교가 자신의 삶을 바꿀 수 있는 기회로 생각되었을 것이다.

더구나 제주도에서의 재일한국인 즉 '재일교포'라고 하면 부유한 나라에서 온 손님의 이미지가 강했다. 일본에서 돈을 많이 벌어서 잠시 또는 영구 귀국한 '재일교포'는 '일본에서 부자가 된 사람'이 되어서 선망의 대상이었다. 노동자로서 일본에 돈을 벌러 간 사람들조차도 가난한 마을 사람들에게는 부러움의 대상이었다. 실제로 당시 마을에 학교를 세우거나, 마을회관을 지을 때에는 일본에 사는 제주도 출신자들의 원조가 중요한 재원이 되었다. 당시 재일한국인은 부유한 경제력을 소유한 사람으로 받아들여졌고 심리적으로 우월한 위치에 있었다고 할 수 있다. 따라서 그러한 위치에 있던 사람들이 고향에 갖고 들어와 포교하는 종교는 충분히 매력적인 것이었다.

재일한국인 친척으로부터 신앙을 소개받은 경우 대부분의 사람들은 개인의 안녕을 기원하는 정도에서 신앙 활동을 했다. 그러나 창가학회에 대한 정부의 탄압이 시작되자 조직의 중심 멤버가 되는 신자도 생겨났고 그들은 한국에서의 창가학회 발전에 중요한 역할을 하는 경우도 있었다.

서울에 살고 있던 이정순은 1964년 문교부 담화가 발표되자 창가학회 회원으로서 항의서를 제출한 인물이다. 이정순은 일본인에게 시집간 동생 이순자로부터 창가학회를 소개받았다. 이순자는 결혼한 다음, 남편의 성을 따라 나카이 준코中井順子가 되었다. 창가학회 회원이 된 그녀는 언니에게 창가학회를 소개했다. 그녀가 일본에서 서울에 있는 언니에게 보내준 것은 창가학회의 신문인 「세이쿄 신문聖教新聞」과 잡지 『대백연화大白蓮花』였다. 「세이쿄 신문」은 매일 발간되는 창가학회의 기관지로 일본 전역에 배포되고 있었다. 또 『대백연화』는 월간지로, 좌담회를 개최할 때 사용하는 책자였다. 건강 때문에 고생하던 언니 이정순은 일본에서 동생이 보내주는 신문과 잡지를 읽었고, 동생이 가르쳐준 근행과 창제를 따라 했다. 이순자는 언니를 만나러 1961년 9월, 1963년 6월, 1964년 1월 3일 등 세 차례에 걸쳐 한국으로 왔다. 언니 이정순은 점차 건강을 회복하게 되었고 포교에도 적극 나서게 되었다.

창가학회 3대 회장 이케다 다이사쿠가 집필한 소설 『신인간혁명』에는 이정순과 이순자 자매의 이야기가 나온다. 소설에서는 언니 이정순을 이연희로, 동생 이순자를 이순희(일본이름은 오오이스미에)로 소개하고 있으며, 언니가 서울에 살고 있는 여동생에게 포교한 것으로 묘사되었다.[17]

서울에는 재일한국인들과 연결되어 창가학회 신앙을 받아들인 사람들이 있었다. 창가학회 본부에서는 그들에 관한 정보를 이정순에게 보내 서로 만나게 해주었다. 이렇게 형성된 연결망이 서울에서 좌담회를 개최하는 바탕이 되었다. 언니 이정순은 종로 3가에서 「희망결혼상담소」를 운영하고 있었다. 그녀의 사무실은 초기 창가학회 포교의 중심지가 되었다.

재일한국인을 통해서가 아니라 직접 일본 창가학회 본부에 연락

---

17) 이케다 다이사쿠, 2003, 『신인간혁명 8』, 화광신문사, 359~361쪽.

해서 관련 자료를 받아 읽고 신앙을 받아들인 경우도 있었다. 박소암이 대표적인 인물이다. 박소암은 동대문 밖 창신동에 있던 가황사嘉皇寺의 주지였다. 가황사는 조계종이 아니라 법화종 교단 소속의 작은 사찰이었다. 조선일보에는 그가 불교 중앙총본부 교무국장이었다고 하고, 동아일보에는 대한불교 법화종 교무국장을 지냈다고 다르게 보도되어 있다.[18]

박소암은 디스토마에 걸려 고생하고 있었다. 마침 일본에 사업차 갔던 형 박성일이 일련정종 책을 구해 와 박소암에게 주었다. 박소암은 형이 가져온 책을 읽으며 창가학회의 근행과 창제를 하였고 병이 나았다. 그는 이렇게 병고로부터 벗어나는 체험을 하면서 창가학회에 입신한다. 자발적으로 회원이 된 박소암은 1963년 말까지 이미 250세대에게 포교를 하였다. 박소암은 불교 경전을 공부한 경력이 있었기 때문에 법화경을 토대로 한 창가학회 교리를 빠르게 흡수할 수 있었고, 또 가황사라는 사찰을 갖고 있었기 때문에 이곳을 서울지역 신자들의 집회 장소로 활용할 수 있었다.

1964년 1월 13일, 기자들이 가황사를 찾아가 박소암을 만났다. 가황사 주지 박소암은 기자에게 자신의 경험을 이야기 하면서 본존 앞에 석 달만 빌어보면 효험이 있을 것이라고 장담한다. 기자가 찾은 가황사의 방에는 '투쟁', '절복'이라는 쪽지가 붙어 있었고, 그 옆에는 광선유포廣宣流布, 즉, 널리 포교를 하자는 취지의 노랫말이 적혀 있었다. 그 바로 옆에는 창가학회의 본존이 있었다. 회원들은

---

18) 조선일보 1964년 1월 14일 6면; 동아일보 1964년 1월 14일 7면.

매주 월요일과 수요일에 좌담회를 하고 본존 앞에 회원들이 모여 앉아 있었다. 그러나 그때까지도 창가학회 조직은 꾸려지지 않았고 회원 명단도 없었다.

1964년까지도 서울에는 창가학회의 조직이 체계화되지 않았고, 조직을 이끄는 책임자가 없었다. 이정순을 중심으로 한 그룹과 박소암을 중심으로 한 그룹은 각각 좌담회를 가졌다.

대구지역은 한국 안에서도 가장 포교가 활발한 지역이었다. 이 지역의 창가학회 포교는 다양한 경로로 이루어졌다. 가장 먼저 창가학회를 받아들인 사람은 대구교도소에 근무하던 김임선이었다. 그녀는 일본으로 건너가 5년 간 생활한 경험이 있어 일본 말도 할 수 있고, 일본 문화에 친숙했다. 그녀는 1961년 3월, 일본에 시집 간 시누이로부터 창가학회의 신앙을 권유하는 편지를 받는다. 김임선의 시누이는 올케인 김임선을 만나러 대구를 방문한다. 하지만 김임선은 2년 반 동안은 혼자만 믿고 지냈고 포교 활동은 하지 않았다.

잡지를 읽고 관심이 생겨 창가학회를 자발적으로 받아들인 사람도 있었는데, 대구시 동성로의 청구수예점을 운영하는 최규원이다. 그는 1963년 2월에 우연히 일본잡지 『부인구락부婦人俱樂部』를 보다가 창가학회 기사를 읽게 되었다. 그는 숙명을 바꿀 수 있다는 이야기에 관심이 생겨 창가학회의 동경 본부에다 편지를 보냈다. 그러자 본부에서는 곧 대구시 삼덕동에 있는 김임선을 만나보라는 회신을 보내 왔다. 이렇게 해서 김임선과 최규원이 만났고, 여기서 창가학회의 대구 지구 조직의 싹이 텄다. 때는 1963년 3월이었다.

그로부터 반 년 뒤인 1963년 10월, 일본 동양 레이온 나고야 공장에서 기술자로 일하고 있던 이노시타#下라는 일본인이 대구 신천동에 있는 한국 나일론 공장으로 파견을 나왔다. 마침 김임선과 최규원은 대구지역의 창가학회 학생회를 조직하고 있었고 대구에 파견온 이노시타에게 지도를 부탁했다. 이노시타는 최규원과 함께 삼덕동에 있는 김임선의 집에서 학생회 좌담회를 지도했다. 일요일마다 오전 10시에는 여학생을, 오후 5시에는 남학생을 지도했다. 대구 지역 창가학회는 재일한국인의 포교, 한국인의 자발적인 관심, 그리고 일본인 회원의 합세로 1963년부터 빠르게 확산되기 시작하였다.[19]

부산에는 아버지의 편지를 받고 창가학회 신앙을 시작한 사람이 있었다. 부산시에 살고 있던 서영래는 일본 오사카에 살고 있는 아버지로부터 창가학회를 믿으라는 편지를 받는다. 그는 아내와 지인 한 명에게 아버지가 알려준 창가학회에 관해 이야기 하였는데, 신앙을 시작하고 난 지 3개월 만에 경찰이 이 종교를 단속하고 있음을 알게 된다. 그는 경찰 조사에서 이 종교의 힘으로 아버지를 고국에 모셔오고 싶어했다고 밝힌다. 그는 부산에서 활동하는 다른 회원을 만나지 못한 상태에서 당국의 단속 조치에 겁을 먹고 포교를 그만둔다. 서영래를 조사한 경찰에서도 서영래 외의 다른 회원의 동태를 파악하지 못하였다. 부산 지역은 대구 지역 이상으로 창가학회 회원수가 많은 지역으로 알려져 있지만 1964년 당시 부

---

19) 한국일보 1964년 1월 18일 3면.

산 지역은 경찰의 조사에 걸려들 만한 조직이 되어 있지 않았던 것이다.

광주에서는 식료품 도매상을 하는 김동보가 1961년 경에, 일본에 사는 친구로부터 창가학회를 소개 받아 신앙을 하고 있었다. 일본에 있던 김동보의 친구는 세이쿄 신문을 보내 주었고, 김동보는 그 신문을 친지들에게 돌려가며 보여주면서 포교한다. 경찰 조사에 의하면, 1964년 당시 광주에는 정회원이 15명 있다고 되어 있다.[20]

이렇게 해서 창가학회는 1950년대 말부터 제주, 서울, 대구, 부산, 광주 등을 중심으로 들어왔다. 서울과 대구를 중심으로 신도가 늘기 시작하였는데, 제주에서도 재일한국인들이 개별적으로 포교를 시작하여 가정집에서 소규모로 모임을 가졌다.

재일한국인들의 고향과 가족에 대한 애정으로 시작하는 포교, 한국 사람들이 개인적인 관심으로 시작한 포교는 몇 년 사이에 조금씩 회원 수를 늘리기 시작했고, 1963년 말에는 약 3,000명 정도가 되었다. 1960년대 당시 일본계 종교인 천리교의 회원 수가 수십 만 명인데 비해 창가학회는 규모도 작고, 아직 조직이 꾸려진 것도 아니었다. 그런데도 1964년 1월, 문교부는 천리교가 아니라 창가학회에 대한 포교 금지령을 내리게 된다.

---

20) 동아일보 1964년 1월 14일 7면.

제3장 1964년 1월에
불어온 회오리 바람

창가학회 고발 기사

경계와 단속조치

사교, 정체불명의 종교

창가학회 고발 기사

박정희 대통령의 제3공화국이 시작된 1964년 1월, 한국의 신문들은 연일 창가학회를 신문지상에 올렸다. 동아일보, 조선일보, 한국일보, 경향신문 등 전국 규모의 일간지와 여러 군데의 지방지에 창가학회의 포교 실태를 보도하고 비판하는 기사가 실렸다. 뉴스보도는 1월 10일부터 시작되었고, 이후 특집기사와 해설, 그리고 각종 칼럼까지 포함하여 수십 편에 달하는 기사가 하루도 빠짐없이 전국 규모의 일간 신문에 올라왔다.

경향신문은 1964년 1월 10일, 사회면에 '日本 佛教', '日蓮宗', '創價學會 韓國에 浸透'라는 제목으로 창가학회 기사를 실었다. '일본 불교 일련종 창가학회, 한국에 침투'라는 이 기사는 서울 본사에 근무하는 김동철 기자가 대구에 내려가 취재한 것이다. 이미 수 만 명의 한국인이 창가학회의 포교에 호응하고 있으며, 여러 도시에서 회원 대회가 개최될 예정이라고 기사가 났다. 창가학회의 한국 전파를 사회면 톱기사로 다룬 이유는 그것이 일본에서 들어오는 종교이기 때문이었다.

〈그림 3-1〉 경향신문 창가학회 보도기사

〈그림 3-1〉에서 보듯이 기자는 일본 종교인 창가학회가 최근 한국에 유입되어 영세민을 중심으로 빠르게 퍼져가고 있으며 이 단체가 동방요배와 일본식 염불을 하고 있으므로 우리 민족의 정기를 흐리게 하는 위험한 종교라고 비판하였다. 그는 일본을 '게다짝'으로 비유하면서, 창가학회의 포교를 '사상 침투'와 '정신적 침범'으로 묘사했다. 기사를 읽다보면 창가학회가 아니라 일본 제국주의 군대가 다시 한반도를 침략해오고 있다는 느낌이 든다.

인터뷰에서 김범룡 조계종 총무원 원장은 창가학회의 포교를 국가의 정책으로 대처해야 한다고 했다. 공화당의 선전부장은 사상 침투를 경계해야 하므로 내무부와 문교부가 진상조사를 해야 한다고 했다. 그 당시 민정당 대변인이었던 김영삼은 경제적으로 일본에게 먹히고 있는데 정신적인 것까지 침범을 당한다니 큰일이라며, 국민의 각성과 정부의 조속한 대책을 요구했다. 하나같이 정부가 나서서 대책을 세우라는 요구를 한 것이다.

1964년이면 일본의 식민지 지배에서 벗어난 지 20년도 채 되지 않은 시기였으므로, 일본에 대한 경계심이 한국인들 사이에 널리 깔려 있었다. 기자도 그 중 한 사람이었다.

출처: 한국일보 1964년 1월 11일 3면

　다음날이 되자, 창가학회를 다루는 기사는 주요 일간지 전체로
확대되었다. 한국일보는 일본의 창가학회가 우리나라에서도 놀라
운 속도로 번져가고 있다고 소개하며 창가학회가 소원성취와 만병
통치, 잘 살 수 있게 한다는 등의 교지敎旨를 갖고 영세민층에 파고들
어 도시 변두리 일대를 침식하고 있다고 하였다. 또한 대구만 해도
신도가 1만여 명이나 되며, 앞으로 5명의 창가학회 일본 책임자들
이 한국에 와서 포교 전도할 예정이라고 보도하였다.

경향신문은 전날에 이어 또다시 창가학회 특집 기사를 실었다. 이 기사는 큰 제목으로 '창가학회 한국 침투의 전모'라고 적고, 소제목으로 '진상은 이렇다'라고 하였으며, 일본어로만 독경을 한다는 점을 강조했다.

신문은 일본 창가학회 회원들의 대대수가 하층민이며, 일본 지식층에서는 창가학회를 백안시하고 있다는 것, 창가학회가 테러와 공산당을 연상하게 한다고 보도하였다. 그러면서 신도수를 서울이 1만 명, 대구가 2,500명, 부산 3천 명, 순천 5백 명, 광주 5백 명, 울산 3백 명, 제주 5백 명으로 추산하였다. 이 보도는 앞 장에서 설명한 당시의 실제 회원 수를 크게 부풀려 놓은 것이다.

> 5.16혁명 이후 박차를 가해 오던 한일회담이 최근 다시 '클로즈 어프'되어 가는 이 때, … 또 하나 놀라운 사실이 전해지고 있어, 듣는 이로 하여금 귀를 의심케 하는 사실이 생기고 있다. 작년 초 지상(한국일보)에 잠깐 소개된 바 있었던 일본의 신흥종교라는 창가학회가 우리나라에 급속도로 침투되어 오고 있었다는 사실이다. 창가학회 구성 성분을 보면, 대략 중류 이하 하류층에 속하는 사람이 대다수이고, 특히 일본의 지식층에서는 아주 백안시하고 있다. 이 창가학회의 기질과 본성을 가장 잘 알 수 있는 때가 있는데, 이것이 바로 선거 때이다. 제2차 세계대전 직후 '테러'라 하면 곧 공산당을 연상케 하였는데, 지금 선거 때 '테러'라 하면 창가학회를 연상케 할 정도로 빈번하다.[21]

---

21) 「경향신문」 1964년 1월 11일 6면.

〈그림 3-3〉 조선일보 창가학회 보도기사

西紀1964年1月11日 (土曜日) 【6】

「創價學會」密入國

불길처럼번지는「日蓮宗」

일련정종(日蓮正宗)을 교지(敎旨)로한 소위 창가학회(創價學會)라는 이름의 일본(日本)종교가 요즈음 대구시내에서 요원의 불길처럼 번져가고 있어 화제가 되고있다. 작년이른봄 대구시내의 모「나일론」회사 일본인기술자와 채규항(蔡圭恒)=36=창가학회 大邱지구책)씨에의해 수입되었다는 이종교는 어느새 一만여명의 신도까지포섭하고 남로번져가고 있는것이다. 이 창가학회의 교당(敎堂)은 대구시내에만도 一백여개소—이곳에는 매일밤 신도들이 모여·일본식으로 무릎을 꿇고앉아 일본말로 종교가곡부르며「나무묘호렝게쿄」(南無妙法蓮華經)를 외우고 있는것이다.

讀經도 日本말로

全國信徒 2萬·거의 下流庶民層

「日蓮」을釋迦의 後繼者로信奉

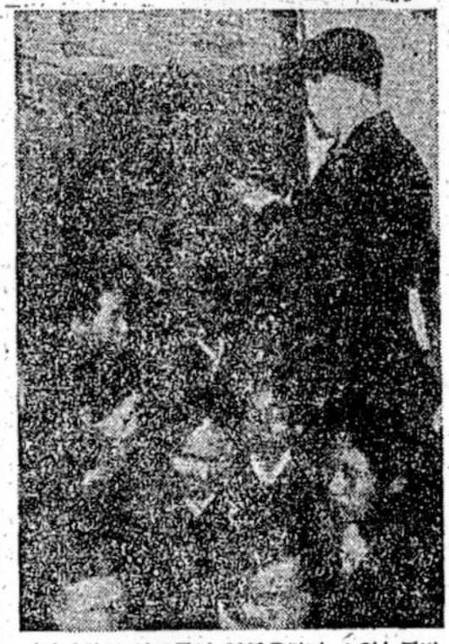

<창가학회 신도들이 염불을외며 소위「동방요배」를 하고있다>

○…이신도들은거의대개가 하류급의 서민층이며 또한 무식층이다. 그런데 재미있는 사실은 신도들 모두가 「창가학회」의교주(敎主)인 일연(日蓮)이바로「석가모니」(釋迦牟尼)의 정통적 후계자라고 믿고있는점이었다.

이들은『「석가모니」의공덕이 2천년밖에 미치지않고 그후에는 동방(東方)에서 대성인(大聖人)이나와 공덕을이어 줄것이라』는「석간」의 예언을 내세우면서『7백년전 일본부사산(富士山) 기슭에서 탄생한 일연(日蓮)이 바로그 후계자라』고 주장하고 있는것이다.

○…이 종교는 먼저 부산 광주 순천 군산 제주 등지에 침투, 오늘날 전국적으로 二만여명의 신도를 보유하고 있다는데 대구의 창가학회에서는 오는 [illegible] 대구지부까지 정식으로 건설할것이라한다.

신도들은 동료신도집을순번적으로 돌아다니면서 하오7시에서 9시까지 2시간동안 동방요배(東方遙拜)까지 한다는데 지난9일밤 대구시 봉산동(鳳山洞) 一八一 최태현씨집에서 행한 요배광경은 다음과같았다.

하오 7시, 十평 남짓한 최씨집에 一백여명의 신도들이 모였다. 이들은 우선 똑바로 앉은후 『나무묘호렝게쿄』를 서투른 일본말로 외우면서부터 손을 합장했다. 어느 신도는 눈까지 지그시 감고 一백二十개나되는 염주를 손끝으로 매듭기도 했다.

법당답지않은 요배실 불단(佛壇)에는 교주의 영상을 모시는 그옆에「나무묘호렝」이라고쓴 종이가붙어 있었으며 불준쯤앞에는「위스키」병에 정수가담겨있었다. 그런데이자리에서어느 여신도는『병을 고친수 있다는 바람에 신도가 됐전』이라고 말하고있었다.

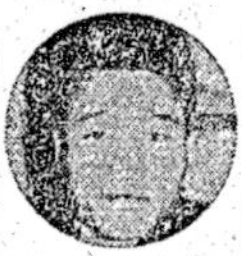

<대구지구책임자 蔡圭恒씨>

○…한편 10일 국민운동 경북도지부당국자는 이종교를 평하기를『교지(敎旨)를 일본말로 외우고있다는 사실은 민족정기를 흐리게 할우려가있다. 또한 이종교때문에 국민운동을 벌리는데 적지않은 지장을 초래할것같다. 종교의 전파력이 매우 강한것으로 보지만 어떻게 해서든지 이를 봉쇄하여야 될것이다』라고 했다. 【大邱에서 本社 特派員 崔順謹發】

政界進出, 第3黨으로

創價學會란

일본이 패전한 一九四五년 그 땅에서 한 종교단체로 설립되었다. 패전의 쓰라림속에서 허덕이는 국민들을 영도하기위해 봉교교리를 앞세우고 『제三의 문명』을 일으킨다는것을 목적으로했다. 그후 동학회는 지지자들을 더욱 확대해왔으며 현재는 국제적으로 一천만명의 회원을 가지고있으며 미국에만 해도 四천명의 회원이있다. 이 학회는 정계에 진출하여 一九五六년에는 일본상원(참의원)에서 三석의 의석을차지했고, 62년에는 十五석을 차지하여 제三당으로 군림했다. 전후독일의「나치스」운동과비슷한 성격을 가졌다고해서 동남아일대에서는 이창가학회운동을 금지하고있다. 현재의 동학회의회장은「이께다·다이사꾸」씨이다.

체인「한국어성단체협의회」에서는 김박한 경제실정에 비추어 전어성이 내핍생활을 할 것을 부탁하는 동시에 생활필수품에 대한 최저가격을 유지해 줄것을 전의하여 지난9일 당국에 전의문을 보냈다.

이에의하면 사치품과 주류(酒類)등에대하여는 … 세율을부과해서 국고수입을 늘려 국민생활을 … 일것이고, 국화과 어린이 …

출처: 조선일보 1964년 1월 11일 6면

조선일보 기자는 9일 밤 대구시 봉산동에서 열린 집회를 직접 참석하여 관찰했다. 기사의 큰제목은 '창가학회 밀입국'이라고 되어 있다. 일련종이 한반도에 불길처럼 번지고 있다고 한 다음, '독경도 일본말로', '정계진출, 제3당으로'라고 소제목을 달았다. 기사는 창가학회 회원들을 서민층, 무식층으로 표현하고 있다. 기자의 눈에 비친 회원들은 불교의 법당이 아니라 이상한 일본식 요배遙拜실에 앉아, 염주를 들고 서툰 일본말로 염불을 외우며 동방요배를 하고 있는 것으로 보였다. 때문에 기자는 한국 사람들이 일본 종교에 침투당한 것으로 여긴다. 이 기사에는 대구지역의 책임자 역할을 하는 최규원과 신도들의 사진을 함께 실어 놓았다.[22]

그리고 심층취재 형식으로 창가학회가 정계진출로 일본의 제3당이 된 것을 알린다. 1956년 일본 참의원에서 3석의 의석을 차지했고, 1962년에는 15석을 차지하여 제3당으로 군림했다고 자세한 내막을 적고 있다. 기자는 이 종교단체가 마치 독일의 나치스 운동과 비슷한 성격을 가졌으며 그로 인해 동남아 일대에서는 이 창가학회 운동을 금지하고 있다고 전한다.

3일째인 1월 12일부터는 모든 중앙 일간지가 해설 기사, 칼럼,

---

22) 최규원(崔圭垣)의 이름은 신문 보도마다 다르다. 조선일보 기사에서는 창가학회 대구 지구 책임자로 채규항 (蔡圭恒)이라 적고, 기자가 방문한 집의 주인 이름은 최규원(崔圭垣) 이라고 나온다. 최규원과 채규항, 이 두 이름은 이후 다른 신문에서도 여러 번 나온다. 그런가 하면 최규환이라고도 나온다. 세 이름은 모두 최규원으로 동일 인물이지만, 한자 이름을 정확히 읽지 못하는 바람에 표기가 제각각으로 되었다.

사설까지 포함하여 다양한 방식으로 창가학회 관련 기사를 실었다. 한국일보, 조선일보, 동아일보는 경상북도 교육청이 창가학회를 고발한 기사를 싣는다. 기사에 따르면, 경상북도 교육청은 창가학회가 미등록 단체이며, 신고 없이 집회를 하였다며 집회와 시위에 관한 법률 위반 혐의로 창가학회를 고발하였다.

1961년 쿠데타 직후 군사혁명위원회는 모든 사회단체 및 종교단체는 등록을 하라고 명령을 내렸다. 이에 따라 전국의 모든 사회 그리고 종교단체는 의무적으로 등록 서류를 제출해야 했다. 일본계 종교 중에서는 천리교가 이때 서류를 제출하고 등록을 마쳤다. 하지만 창가학회는 종교단체 등록을 미처 하지 못했다. 1960년대 초부터 포교가 시작되었고, 당시에는 아직 국내 조직도 만들어지지 않은 상태였기 때문이다. 경상북도 교육청은 사회단체 및 종교단체의 등록을 받는 담당부서이기 때문에, 누가 등록을 했는지, 미등록 상태인지를 잘 알고 있었다. 그러나 실제로는 불과 한 달 전인 1963년 12월 12일에 사회단체등록법이 전면 개정되어 종교단체 등록 의무가 사라졌다. 그래서 경상북도 교육청은 미등록단체로 창가학회를 고발하는 것이 아니라 미신고 집회를 했다는 명목으로 고발하겠다고 했다.[23]

한편 13일자 경향신문에는 현장 르뽀 기사가 실렸다. 이 르뽀는 1964년 1월 11일 오후 7시, 서울 종로에 자리 잡은 '희망결혼상담소'에서 창가학회 회원 60명이 모여 좌담회를 하는 자리에 기자가

---

23) 조선일보 1964년 1월 12일 7면; 한국일보 1964년 1월 12일 7면.

참관하여 쓴 내용이다. 집회 장소였던 '희망 결혼상담소'는 회원 이정순이 제공한 장소로 2층 건물의 9평쯤 되는 공간이었다.[24]

조직이 자리 잡기 전인 시기라 모임 장소는 개인의 사업장이나 집을 이용하고 있었는데, 서울의 모임 장소 또한 그러했다. 대구 집회나 마찬가지로 서울 '희망 결혼상담소'의 창가학회 집회 역시 비밀집회는 아니었다. 기자는 집회가 열리는 시간과 장소를 미리 알고 찾아갔고, 취재가 허용되었다. 기자는 모임 내내 취재를 할 수 있었고, 신자들의 이야기도 들었으며 사진도 찍었다.

그런데 종교의식이 베풀어지는 곳이 비밀의 '회색지대'라고 묘사되어 기사를 읽는 사람은 창가학회 모임이 으슥한 장소에서 비밀리에 열리는 모임처럼 느껴진다. 또한, 창가학회의 만다라를 부적이라고 적으면서 미닫이 속에 숨겨놓았다고 적는다. 낮에 미닫이문에 숨겨 놓았기 때문에 일반 사람들이 창가학회의 집회 장소를 알지 못한다고 덧붙임으로써, 이 종교 모임이 회색지대에서 은밀하게 이루어지고 있다는 느낌을 갖게 한다.

신문의 사진 중에는 창가학회 신자들이 신앙의 대상으로 모시는 본존本尊도 있었다. 회원들은 자신들의 활동이나 본존을 기자에게 굳이 숨기려 하지는 않았지만, 기자는 미닫이 문 안에 신앙대상인 본존을 숨긴 것으로 보았다. 본존을 미닫이 안에 놓아둔 것은 다른 사람들에게 숨기려 한 것이 아니라 창가학회 회원들이 본존을 보관하는 방법이었다. 기자에게는 여대생이 회원인 것도 어색하게

---

24) 경향신문 1964년 1월 13일 7면.

보였고 밍크코트를 입고 염주를 세는 귀부인의 모습은 초라하게 보였다. 기자는 또 열 명 남짓한 남자들에 대해서도 이 자리에 어울리지 않는 사람들이라는 자신의 느낌을 르뽀 글로 내 보낸다. 기사의 제목은 '드러난 창가학회'였다. 본존은 '부적'으로 소개된다.

신문기자의 취재 기사와 르뽀 글은 모두 창가학회에 대한 경계심을 갖고 쓴 글이고 그 때문에 기사화 된 단어들에서는 위험한 종교를 믿는 한국 사람들에 대한 측은함이 배어 있다. 신문의 보도가 이어지자 사회 여러 곳에서 경계의 목소리가 높아졌다

경계와 단속 조치

1월 13일이 되자, 조계종 총무원장 이청담, 동국대학교 재단 이사장 손경산 등 불교계 대표가 문교부 장관을 방문하여 창가학회가 국내에 스며들어 세력을 키워나가고 있음을 지적하면서 창가학회를 단속해야 한다고 건의하였다. 이에 문교부는 경상북도 교육청에 창가학회의 정체를 조사토록 지시한다. 문교부는 보고가 올라오는 대로 대책을 강구하겠다며 입장을 밝히고[25] 국헌에 저촉되면 의법 조치할 방침이라고 밝힌다.[26]

---

25) 동아일보 1964년 1월 13일 7면.
26) 조선일보 1964년 1월 14일 6면.

이어서 재건국민운동 경북지부는 대구지부의 부녀부장이 창가학회에 가입하기 위해 사표를 내었다면서 창가학회가 국민운동 본부까지 침투하였다고 주장한다. 국민운동 본부는 왜색종교에 의해 민족의 얼이 짓밟히고 있다며 창가학회를 사교로 규정해 달라고 문교부에 건의하였다.[27] 이날, 조선일보는 창가학회의 수입을 경계하자는 사설을 싣는다. 조선일보는 사설에서 창가학회가 일본의 제3의 정치세력으로 등장하고 있고 조직적인 투쟁을 하고 있으므로 종교 단체가 아니라 정치단체라고 주장한다.

1월 14일, 동아일보의 〈횡설수설〉란의 칼럼 글은 다른 신문 기사보다 훨씬 논리정연하고 신랄하다.[28] 논조는 기본적으로 반일 감정에 토대를 두고, 식민지 지배 시절의 군국주의가 되살아나는 느낌을 아주 생생하게 그려내고 있다. 창가학회의 본존을 모시는 불단을 가미다나로 인식한 것은 기자의 오해에서 비롯된 것이긴 하지만, 가미다나에서 황국 군대의 승리를 기원하던 일본인들의 모습을 떠올린 것은 어쩌면 당연한 것이었다. 식민지 시기 동안 한국 사람들은 전쟁터에 끌려 나갔고, 징용으로 탄광에 끌려가 일하다 죽어갔다. 36년 동안 일제 식민통치 아래서의 잔혹한 경험을 했던 한국 사람들에게는 해방 후 일본인들이 물러가 독립된 나라를 세우고 살아가고 있지만, 일본에 대한 불편한 기억과 감정이 생생하

---

27) 조선일보 1964년 1월 14일 7면.
28) 동아일보 1964년 1월 14일 1면 〈횡설수설〉.

게 남아 있었다.

일본인들이 전통적으로 집안에 설치하는 종교 시설은 가미다나 神棚와 불단佛壇이 있다. 가미다나에는 신사神社에서 받아온 부적을, 불단에는 부처를 모시거나 돌아가신 분의 위패 또는 사진을 모셔 놓는다. 그리고 아침저녁으로 그 앞에 음식 공양을 하면서 명복을 빌고, 조상이 자신과 가족을 지켜 달라는 기도를 한다.

일제 강점기에 조선 땅에서도 일본 경찰과 관리들은 자기 집에 가미다나와 불단을 설치하고 신과 조상을 모셨다. 그러나 창가학 회 회원들이 모시는 것은 대상도 다르고 불단 종류도 달랐다. 하지 만 한국인들이 그것을 구분하기는 매우 어려웠다. 한국인의 눈에 는 가미다나든, 불단이든 낯설기는 마찬가지였다. 그래서 기자의 눈에는 창가학회 한국인 회원들이 창가학회의 본존 앞에서 무릎을 꿇고 '남묘호렌게교'를 창제하는 모습이 제국 일본의 신에게 복종 하는 모습으로 보였고 일본의 정신적 침략으로 보였을 것이다. 이 칼럼은 박정희 정권의 한일회담과 일련종의 한국 유입을 한 테두 리에 놓고 이 위험에서 국가의 운명을 지키기 위해서는 반일 의식 을 강화해야 한다고 주장하였다.

한편 경찰은 창가학회가 일본 조총련계와 접선한 유력한 정보가 있다고 밝히며 본격적인 수사에 착수했다고 밝힌다.[29] 또 경찰은 창가학회의 조직 활동이 음성적으로 진행 중이므로 한국 조직에 대해서는 철저하게 수사를 하고 있다면서 대구의 책임자인 최규원

---

29) 경향신문 1964년 1월 14일 7면.

이 행방불명이 되었다고 발표한다. 경찰은 내무부 장관 이름으로 문교부 장관에게 창가학회에 대한 정부 차원의 대책을 세워달라고 건의하였다. 경찰의 의견을 들은 고광만 문교부 장관은 13일 오후에 창가학회의 정체가 완전히 판명될 때까지 일본인은 물론 재일 교포라도 포교를 목적으로 하여 입국하는 것을 허가하지 않겠다고 했다.

이렇게 창가학회에 대한 여러 신문의 거듭된 보도, 불교 조계종, 재건국민운동 본부 등 여러 단체들의 창가학회 단속 요구, 경찰과 문교부의 단속 발표가 이어지면서 창가학회는 점점, 위험하고 음성적인 조직처럼 보이게 된다.

사교, 정체불명의 종교

1월 14일, 문교부는 불교계의 건의를 받아들여 창가학회를 '사교邪教'로 단정하고 단속하겠다고 발표하였다. 그리고 다음 날인 15일에 문교부는 전국 각 시도의 교육감과 공사립 초·중고등학교에 공문을 보내 창가학회에 가입하지 못하도록 지시하였고, 내무부 치안국에 단속 요청하기까지 했다.[30]

한편, 대구 지역에서는 불교계를 중심으로 '독립유공자 유족회',

---

30) 한국일보 1964년 1월 15일 3면; 동아일보 1964년 1월 15일 7면.

'재향군인회', '전몰군경유족회' 등의 사회단체가 대구 시청 회의실에 모여 창가학회를 규탄하는 성토대회를 열기로 결정했다.[31]

〈그림3-4〉 창가학회 기사

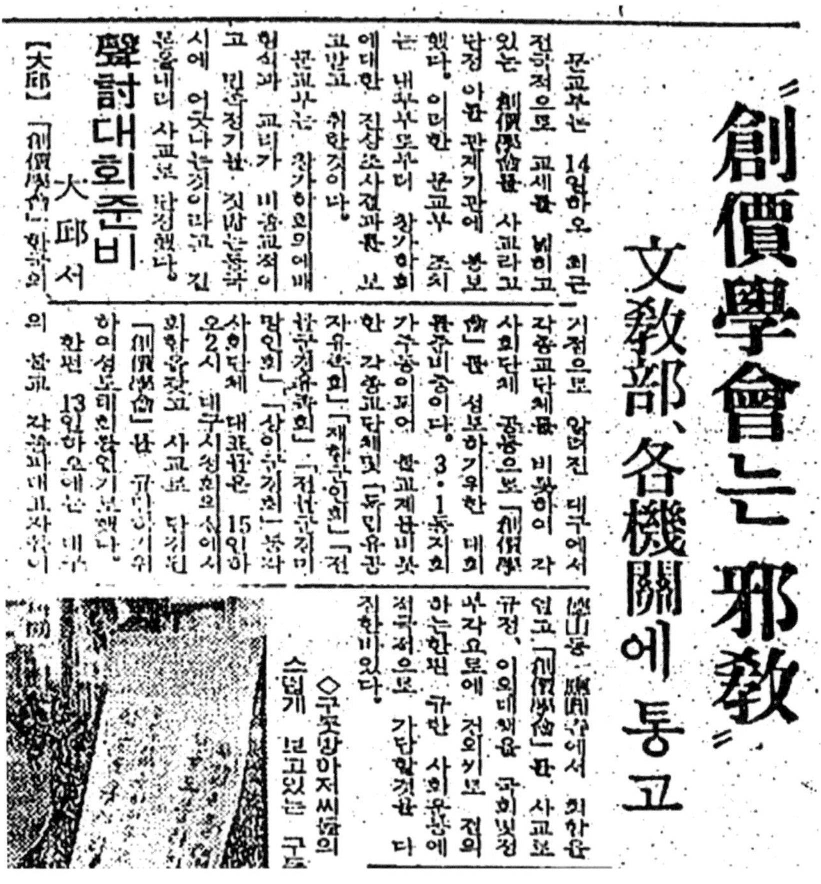

출처: 경향신문 1964년 1월 15일 7면

---

31) 경향신문 1964년 1월 15일 7면.

재건국민운동본부는 5·16군사 쿠데타 직후 조직되어 국민의 도덕의식과 국가재건 의식을 높인다는 명목으로 벌였던 관주도적 범국민운동 기구였다. 이 단체는 서울에 본부를 두고 각 도마다 지부를 설치했는데, 중앙은 물론 각 도마다 재건국민운동대회를 열었다. 당시 가장 큰 규모의 관변官邊 운동단체였다.

15일이 지나서도 동아일보, 조선일보, 경향신문, 한국일보 등의 주요 일간지들은 창가학회 관련 기사를 서로 경쟁하듯이, 가끔은 사회면으로도 부족해서 그 옆면까지 확대해 특집 기사를 실었다. 주요 일간지마다 창가학회를 위험한 종교로 규정하고 비난하는 기사가 실렸고, 나아가 당국의 적극적인 단속을 요구하는 사설과 칼럼도 늘어났다.

동아일보는 1월 15일에 한일회담에 임하는 집권고위층의 기본자세에 관한 사설을 싣는다.[32]

박정희 대통령은… 현재 진행 중인 한일회담을 조속히 타결 짓도록 하겠다고 밝힌 바 있다. 한일 간의 국교정상화는 이루어져야 한다는 데는 원칙적으로 찬성한다. 그러나 양국 간의 국교정상화는 어디까지나 호혜평등의 대원칙 위에서 이루어져야지, 국교정상화가 필요하다고 해서 우리나라의 榮譽나 이익을 희생시키면서까지 국교정상화를 초조하게 서두를 필요는 없다고 본다.…

오늘날 우리나라의 실적을 보면 對日國交가 아직 공식적으로 정상화되지 않았음에도 불구하고 외교경제 사회 문화 각 분야에서

---

[32] 동아일보 1964년 1월 15일 2면 사설.

이미 국교정상화라는 말이 쑥스러울 정도가 되어 있는 것 같다. …

일본에 대하여 무제한으로 활짝 열려진 문호를 통해서 심지어는 일본의 邪敎團體인 창가학회까지 우리나라에 침투하고 있다. 동방요배를 하고 경전을 일본어로 읽는 창가학회가 우리나라에서 번져가고 있다니 어찌 통탄하지 않을 수 있겠는가

이처럼 일본은 이미 우리나라에 경제적으로 문화적으로 사회 각 분야에 침투하고 있는데, 오늘날의 우리의 이러한 실정은 한말의 사회상을 방불케 한다. 民族正氣는 흐려져 가고 있으며, 독립국가로서의 위신은 짓밟히고 있다. …

우리는 한일회담에 임하는 고위집권층의 정신적 자세가 지양되는 것이 이 시점에서 가장 긴급하게 요청된다는 것을 다시 한 번 강조하고자 한다.[33]

사설은 한일회담을 조속히 타결 짓겠다는 박정희 대통령에 대해서 우리나라의 이익을 희생시키면서까지 국교정상화를 서두르고 있다고 비판하는 한편, 일본이 외교와 경제, 문화 부문에 제한을 두지 않고 있어서 창가학회까지 우리나라에 침투하고 있다고 통탄한다. 이러한 실정은 한말의 사회상과 같고, 민족정기가 흐려져 가고 있으며, 독립국가로서의 위신은 짓밟히고 있으므로 한일회담에 임하는 고위집권층의 정신적 자세를 촉구하고 있다.

---

33) 동아일보 1964년 1월 15일 2면.

〈사진 3-5〉 창가학회 기사

출처: 한국일보 1964년 1월 15일 4면

한국일보는 정체가 불명한 창가학회의 정체를 벗긴다는 제목을 달고, 이케다 다이사쿠에 관한 것과 한국에 투입되는 과정, 서울의 창가학회에 관한 기사를 싣는다. 기자는 창가학회가 정치와 종교의 중간이라고 평가한다.

같은 날, 동아일보에는 고려대학교 사학과 김성식 교수가 위정

자들이 창가학회의 유포를 그대로 방임하여 두고 있다고 비판하는 글이 실린다. 그는 창가학회가 정치 집단으로 발전하여 갈 것이라고 주장한다. 아울러 이 종교를 우리 국민이 신앙한다면 일본에 대한 순례의 마음이 생기게 될 것이라며 창가학회를 그저 웃음거리로 두기에는 매우 심각한 것이라고 보았다. 그는 이 종교가 무식층으로 번져 가다가 나중에는 정계에 진출에 무식층에게도 한 표의 투표권이 주어진다는 것을 알아야 한다고 강조하면서 이 종파 뒤에는 조총련이 숨어서 한국으로 침투해 온다 고 보았다. [34)]

경향신문에는 "〈眞相暴露〉 이것이 創價學會다 ─ 前會員이 公開하는 疑惑의 全部"라는 제목과 함께 와세다 대학 정치학부 학생, 재일교포 백철의 기고가 실렸다. 백철은 기고문에서 한 집안이나 한 나라에 비운을 가져다 줄 싹이 트기 시작한다면 이는 크게 번식하기 전에 일찍 그리고 철저히 뽑아 버리는 것이 후환을 미연에 방지하는 가장 현명한 길이라면서, 창가학회 회원은 국민으로서의 주체성을 망각하고 조국의 앞날에 비운을 불러들이려 하는 얼빠진 백성이라고 비판한다.

나는 정말 당신들의 정신 상태를 의심하지 않을 수 없습니다. 어쩌자고 이러십니까? 일제 '나일론' 양말이 좋다더니 당신들은 마치 양말 고르는 식으로 종교도 일제로 골라잡았단 말입니까? 당신들은 그 입이 누가 물려준 입이라고 감히 그 입으로 나무묘호렌

---

34) 동아일보 1964년 1월 15일 5면.

게교라고 이 땅 위에서 외친단 말입니까?

사랑하는 동포여! 너무 심각한 문제라 아니할 수 없습니다. 창가학회는 결코 종교단체가 아닙니다. 만일 한국 땅에 창가학회 총지부가 조직된다면 이는 막바로 일본 동경으로부터 지령을 받는 창가학회라는 일본 정당의 일부요 신자는 그대로 창가학회 회장을 당수로 모시는 창가학당 당원입니다.[35]

백철은 덧붙여 우리나라에 수십 년 전부터 내려오는 법화종에서는 법화경 나무묘법연화경을 우리말로 외고 있는 반면, 창가학회에서는 일본어로 '나무묘법연화경'을 외고 있다고 비판한다. 그는 한국인들이 창가학회의 문제를 심각하게 받아들일 것과 창가학회 회원들이 민족적 각성과 양심을 갖기를 호소하면서, 창가학회가 이 땅에 비운을 불러들이는 싹이 되지 않기를 바란다고 글을 맺는다.

이어서 17일에는 동아일보 권오기 동경특파원이 일본에서의 취재를 통해 창가학회의 연혁과 조직 등을 정리하여 창가학회의 정체에 관한 특집기사를 실었다. 권오기 특파원이 보내온 기사에는 창가학회의 조직 편성도를 그려놓았다. 내용의 일부를 보면 다음과 같다.

---

35) 경향신문 1964년 1월 16일 3면.

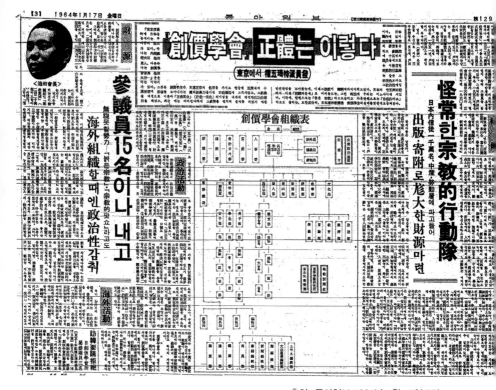

출처: 동아일보 1964년 1월 17일 3면

　　당시 회원(신자)은 東京을 중심으로 겨우 3천 세대 정도였는데,
戶田는 이른바 '折伏(입회권유) 대행진'을 부르짖고 스스로 정력적
인 절복활동을 벌였다. 이것이 마침 정치에 대한 불신 기운 속에서
중소기업자나 미조직 노동자 등 비교적 부유치 못한 사람들의 호
응을 얻어 착착 회원을 불려갔다. 그 세력은 戶田씨가 죽은 1958
년엔 75만 세대가 되었고, 현 회장인 池田大作씨가 3대 회장이 된

1960년에는 170만 세대, 1963년 10월 현재로는 400만 세대로 급속히 늘어났다.

조직 창가학회가 믿는 日蓮正宗의 본산은 富士山의 大石寺이며, 학회는 그 신도들의 집단이기 때문에, 회장이 교조는 아니며, 따라서 "창가학회가 소위 신흥종교는 아니라"고 관계자들은 말한다.

라고 하였다. 권오기 특파원은 당시 일본의 신문과 잡지에 실린 창가학회 관련 기사를 모아서 읽고 정리해서 이 기사를 썼을 것이다. 당시 일본의 주요 일간지들은 대부분 창가학회의 급속한 성장에 두려움을 느끼던 일본 종교 교단과 정당 간부들의 입장을 대변하고 있었다. 때문에 창가학회를 긍정적으로 보기보다는 각종 의혹을 제기하면서, 또 의심하고 부풀려서 비난하는 보도가 대부분이었다. 권 특파원 역시 이러한 일본 언론의 보도 태도를 따랐다.

조선일보에서도 같은 날 '사교냐 정교냐: 창가학회의 정체'라는 제목의 기사를 실으면서, 한국 불교계의 의견을 받아 적었다. 불교학자와 대한불교 조계종 총무원, 원불교 서울지부의 의견을 듣고, 창가학회의 종교적 배경과 포교방법, 정치참여도에 대한 기사를 내 보낸다. 이 기사의 초점은 창가학회가 사교인가 정교인가 하는 데 있었다. 사교와 정교를 나누어 보는 것은 당시 일반인들이 종교에 대해서 갖고 있는 일반적인 인식 틀이었다.

〈그림 3-7〉 창가학회 기사

출처: 조선일보 1964년 1월 17일 5면

종교를 사교와 정교로 나누어 보는 것은 이미 1950년대에 한국
사회에서 여러 차례 문제가 되었고, 신문지상을 장식한 일이었다.
기성 종교에서 가지를 갈라 나온 신종교는 흔히 이단異端이라고 공격을 받게 마련이다. 때로는 교리 해석의 차이 때문에, 때로는 의례 절차에 대한 의견이 달라서 이단으로 취급받는다.

500년 전 유럽에서 마틴 루터가 부패한 가톨릭 사제들을 공격하면서 개신교가 나왔듯이, 신종교는 기성 교단의 부정부패가 심해서 이것을 박차고 나올 때 생기는 것이다. 하지만 이때 기성교단은 자신의 비리나 문제점은 덮어둔 채 새로 만들어지는 교단을 이단이라고 공격하고, 이를 대외적으로 알려 신종교를 고립시키려고 한다. 일본에서는 포교력을 상실한 기성 불교의 뿌리에서 계속해서 신종교들이 솟아나와 일본 대중들에게 큰 호응을 얻자 종교 기득권 세력은 크게 당황하였다.

한국 불교계에서는 불교에 뿌리를 둔 창가학회를 큰 위협으로 받아들였다. 불교계에서는 창가학회 규탄 대회를 전국적으로 하는 방안을 토의하려 했으나, 정부가 창가학회에 대한 조사를 진행하고 있으므로 우선 자기네 종단 소속의 승려와 신도들에게 창가학회를 경계하도록 계몽과 감독을 우선 철저히 하겠다고 하였다. 이에 따라 정부는 창가학회에 대한 조처를 강구하게 된다.

제4장 국가권력, 문교부와 내무부

문교부의 대처

언론과 불교계는 물론 재건국민운동본부를 비롯한 여러 관변단체도 창가학회를 경계하고 있었다. 문교부는 신문에 창가학회에 관한 기사들이 보도되기 시작하자, 경상북도 교육청을 통해서 창가학회의 실태에 대해서 조사하라고 지시하는 한편, 국내 주요 종교 단체로부터 창가학회에 대한 의견을 듣기 시작했다.

불교계 대표가 문교부 장관을 방문하여 창가학회를 단속해 달라고 요구했고, 재건국민운동본부 등 사회단체들도 창가학회 포교 단속을 건의했다. 단속요청이 문교부로 향한 것은 종교단체를 담당하는 부서가 문교부였기 때문이다. 하지만 당시 문교부의 담당 직원들은 창가학회가 어떤 종교단체인지는 파악하지 못하고 있었다. 단지 며칠 전부터 신문에 실리고 있는 내용을 통해서 대강을 파악할 뿐이었다. 그리고 문교부도 종교 관련 업무를 담당할 뿐, 포교를 금지시킬 권한은 갖고 있지 않았다.

문교부는 한편으로는 창가학회를 사교라고 단정하고 단속하겠다고 발표했고, 전국 학교 학생들에게 가입을 금지하는 내용도 보냈는데, 그 다음 날에는 다시 아직 창가학회를 사교라고 단정할 수 없다고 한 발 물러서는 모습을 보였다. 그 이유는 문교부가 평소에 창가학회의 포교 활동에 대해서 주의를 기울이고 조사를 해왔던 것이 아니라, 창가학회를 사교로 결정하고 금지 조치하라는 갑자기 밀어닥친 요구에 급하게 대응하면서 혼란에 빠져 있었기 때문이었다. 문교부도 창가학회를 '사교邪敎'라고 발표를 했지만, 앞으로 어떻게 처리할 것인지 분명한 방향을 잡지 못하고 갈팡질팡 하고 있었다.

하지만 매일같이 창가학회를 비판하는 신문 기사가 전국 중앙지에 차례로 실리고 있었고, 내무부 장관이 공식 문서로 조치를 취해 달라는 요구가 오자, 문교부는 경찰의 요구와 사회적 압력에 밀려서 창가학회를 단속하는 방향으로 방침을 만들어갔다.

문교부와 치안국 정보과

1964년 1월 14일, 문교부 장관 앞으로 '첩보 송부'라는 제목의 내무부 공문이 왔다. 내무부가 입수한 창가학회 관련 첩보를 문교부 정책에 참고하라고 보낸 것이다. 참고사항으로는 〈일련종 창가학회 분석 및 대책〉이라는 문서도 첨부했다. 이 문서는 내무부의 치안국 정보과가 작성한 것이었다.

이 문서에는 창가학회의 역사와 교리 및 이념, 전도 방법, 한국의 전래 경위, 현황, 창가학회에 대한 각계 반응, 전망, 대책 순으로 폭넓게 정리, 분석하였다. 한국 창가학회에 대한 종합 보고서였다. 그 중 일부를 여기에 소개한다.

창가학회에 대한 각계 반응

가. 문교부

(1) 종교단체냐 또는 정치적인 단체냐, 종교단체이면 정교냐 사교냐의 실적을 조사하기 위하여 대구를 중심으로 조사 중에 있음.

(2) 동 조사가 끝나는 대로 문교부 산하에 각 대학 종교 담당 교수(특히 신학대학 교수 및 철학대 교수)로 구성된 종교 심의위원회에 회부하여 정교 또는 사이비 종교문제를 심의 판정한다 함. …

대책

가. 경찰 조치

문교부 주관으로 완전히 조사되어 동부 산하로 구성되어 있는 종교심의위원회(연전 박태선 장로교회 사교 운운할 때 구성되어 심의한 바 있음)의 심의로 사이비 종교 내지 정치성 사회단체로 판정될 경우

(1) 사회단체 등록에 관한 법률 제3조(등록), 제10조(벌칙)

(2) 경범죄 처벌법 제1조 42항 비방을 표방하여 방역 또는 진료 행위를 하거나 기타 미신요법을 행하여 민심을 현혹 또는 건전한 질서를 해한 자에 적용, 주동자 및 전도자를 조치한다(구류, 과료).

나. 국민 계몽 방법에 의한 조치

종교심의 위원회에서 사교가 아니라는 판정을 내릴 경우에는 국민재건운동본부와 기타 계몽단체 및 학생운동을 통하여 일본의 간접 침략 행위를 규탄하며 민족의식을 고취하는 범국민운동을 전개해야 한다.

다. 기타 종파를 통한 조치

대한 불교 조계종 총무원 한국 기독교 연합회 천주교 등 종교 단체를 통하여 민족 감정 (일본인 일연이라는 인간을 종주로 모실 수 없다)에서 배격하도록 조치한다. [36]

종교행정 업무는 대한민국 정부 부처 중에서도 문교부 소관 사항이었다. 하지만 종교행정을 담당하는 문교부 직원들도 순환 보직이라 종교업무를 전문적으로 파악하고 있는 공무원은 없었으며, 그동안 개신교, 천주교, 불교에 대한 업무가 대부분이었다. 그런데 갑자기 논란이 된 창가학회에 대해서는 잘 알지 못했으므로 내무부 치안국 정보과에서 수집한 정보를 참고하는 형편이었다.

정보과가 문교부로 보낸 문서의 내용을 살펴보면, 정보과는 상당 기간 창가학회에 관한 정보를 수집하고 정리하였고, 문교부가 창가학회를 대상으로 어떤 정책을 세우고 추진해야 하는지까지도 구체적으로 제시하고 있다.

문교부는 조계종의 건의에 대해 대구지역 창가학회에 대해서 조사하는 중이라고 했지만, 실제로 창가학회에 대해서 조사를 하고 있었던 것은 내무부 소속의 치안국 정보과였다. 하지만 정보과는 자신들이 하고 있는 일을 대외적으로 공개할 수는 없었고, 창가학회를 조사하는 것은 문교부가 하고 있다고 했던 것이다. 내무부의

---

36) 「일연종 창가학회 분석 및 대책」, 『기타불교단체(창가학회)』, 소장기관 국가기록원, 관리번호 BA0103891, 184-195쪽.

치안국 정보과가 중심이 되어 창가학회를 내사하고 있었기 때문에 문교부는 정보과의 지침에 따라 종교심의 위원회를 열고 창가학회를 사이비 종교 내지는 정치단체로 판정하게 되었다.

내무부에서는 종교심의 위원회에서 자신들이 원하는 대로 판정이 이루어질 경우, 사회단체 등록에 관한 법과 경범죄 처벌법을 이용하여 창가학회를 단속할 생각이었다. 그러나 만약에 원하는 대로 판정이 이루어지지 않을 경우에는 국민재건운동 본부를 비롯한 관변 단체들을 동원하고, 학생운동을 통하여 창가학회를 규탄하는 범국민운동을 전개할 생각이었다. 또한, 조계종과 기독교 연합회, 천주교 등의 종교 단체를 통하여 창가학회를 배격하도록 해야 한다고 생각해 앞으로의 추진 일정을 문교부에 제시하였다.

이 문서는 이후 문교부가 창가학회에 관한 정책을 수립하고 추진하는 지침서 역할을 한다. 그렇다면 어째서 문교부가 종교 관련 업무를 담당했던 것일까. 그리고 내무부 치안국 정보과, 즉 경찰에서는 왜 창가학회라는 종교단체에 관해 이렇게 상세하게 조사한 보고서를 만들고 관련 정책을 제안한 것일까. 다음은 내무부 치안국 정보과에 관해 알아보도록 하자.

조선총독부의 행정과 대한민국 정부

일제 시기에는 조선총독부 학무국이 종교와 관련된 행정업무를 담당했다. 이때 종교의 범주에는 가톨릭과 개신교, 그리고 불교만 들어 있었다. 유교는 종교가 아니라 학문이라고 분류하면서도, 관리대상에는 유교도 포함시켰다.

조선총독부 학무국은 가톨릭과 개신교, 불교의 지도자들이 총독부의 시책에 협조하도록 회유하고 강요했다. 전쟁이 일어나자 종교 지도자들, 즉 신부, 목사, 승려들에게 신자들을 독려하여 국방 헌금을 내게 하였고, 전쟁터로 나가는 젊은이들을 축복하게 하였으며, 전사한 자들의 유골이 돌아오면 성직자들이 위령제를 지내도록 하였다.

반면, 조선총독부는 한국의 천도교, 증산교, 대종교 등의 신종교와 민간 신앙 활동을 종교가 아닌 것으로 간주하여 학무국이 아니라 경찰이 관리하도록 하였다. 경찰은 천도교, 증산교, 대종교 등 한국의 신종교를 사상적으로 위험하다고 보았고, 민간 신앙 활동에 대해서는 사회적인 문제를 일으킨다고 보았다. 그렇기 때문에 담당자를 지정해서 수시로 사찰査察하고, 결과를 상부에 보고하였다. 일제 말기로 가면 조선총독부는 한국의 여러 종교 단체를 강제 해산시키기도 했다.

이런 정책이 계속되자, 총독부가 인정해 주는 교단만이 종교로 인식되었다. 나머지는 유사종교類似宗教라는 이름으로 묶이면서 경찰의 감시 대상이 되었다. 총독부의 이러한 분류 방식은 한국사람

들이 갖게 되는 종교에 대한 인식 틀로 작용하였고, 해방 이후에까지 영향을 미쳤다. [37]

한편 한국의 경찰을 보면, 1948년 대한민국 정부 수립 이후 내무부 장관 산하에 치안국을 설치하고 각 시·도에는 경찰국을 설치하였다. 경찰의 업무는 경무, 보안, 수사, 사찰, 통신, 소방으로 분류하였다. 일제하에서 고등경찰이라고 부르던 부서는 특수정보과라는 이름으로 유지되었다. 그 역사적 연원을 따져보면, 내무부 치안국 정보과는 일제 시기의 고등계 경찰까지 거슬러 올라간다. 일본 내에서도 그랬지만, 특히 조선에서의 고등계는 독립운동을 하려는 자들과 사회주의 계열의 활동가들의 동향을 탐지하여, 그들의 테러 및 대중 선동의 가능성을 사전에 막는 역할을 맡고 있었다. 그러므로 그냥 일반 경찰이 아니라 고등교육을 받고 지적 수준이 높은 엘리트 경찰이었다. [38]

그런 흐름은 해방 후에도 그래도 이어졌다. 일본인 간부들 밑에서 활동하던 고등계 형사들은 해방 후에도 치안국 정보과 요원이 되었다. 그들은 해방 직후 민족 반역자로 지목되어 숨어 지내다가 미군정이 시작되면서 다시 경찰로 일선에 복귀하였다. 일본인 간부들이 모두 일본으로 돌아간 상태였기에 그들은 한국 경찰 조직의 간부로 재등용되었다.

---

37) 윤해동, 2013, 「식민지 근대와 종교」, 윤해동·이소마에 준이치 엮음, 『종교와 식민지 근대-한국 종교의 내면화, 정치화는 어떻게 진행되었나』, 도서출판 책과함께.

38) 荻野富士夫, 2012, 『特高警察』, 岩波書店, 2-9쪽.

이승만 대통령은 해방 후 집권 과정에서 경찰조직의 절대적인 지원을 받았으며, 정권을 유지한 시기 내내 경찰과 밀월관계에 있었다. 국회가 반민족 행위자 처벌법을 제정하고, 반민족 행위자를 수사하고 처벌할 위원회가 가동되자, 이에 가장 반대한 사람은 이승만 대통령이었다. 그는 위원회를 와해시키려 했으며, 자신의 심복인 경찰 간부들이 반민족 행위자로 조사를 받게 되자, 아예 위원회를 해산시켜 버렸다. 이렇게 보호를 받은 경찰 간부들이 이승만의 손발이 되어 온갖 악행을 저질렀다. 이승만은 그 밖에도 제1공화국 정부에 조선총독부 관리 경력을 가진 자들을 대거 등용했고, 자신은 왕처럼 국민들 위에 군림했다.

1960년 6월 1일, 치안국 특수정보과와 각 도의 경찰국 사찰과는 모두 정보과라는 이름으로 개칭되었다. 이에 따라 경찰서의 사찰계도 정보계로 개칭되었고 기능을 보강하였다. 이 치안국 정보과는 전국의 종교 단체에 대한 사찰을 하고 정보를 수집하고 상부에 보고하는 일을 하였다.[39]

물론 일제시기에 학무국과 경찰로 이원화되어 있던 종교 업무는 해방 이후 제1공화국에서는 문교부에 맡겨져 있었다. 적어도 공식적으로는 그랬다. 해방 후 대한민국 정부에서는 내무부의 치안국 정보과는 적어도 공식적으로는 종교 업무를 담당하지 않았다. 종

---

39) 김일자, 1991, 「한국 경찰 성격 연구: 1945-1960」, 이화여자대학교 정치외교학과 석사학위논문; 강혜경, 2002, 「한국경찰의 형성과 성격(1945-1953년)」, 숙명여자대학교 대학원 사학과 박사학위논문.

교 업무는 모두 문교부로 넘어가 있었다. 일제 식민지 시기에 유사 종교로 분류되어 경찰의 사찰대상이었던 천도교, 증산교, 대종교 등의 신종교에 대한 것도 불교나 개신교, 가톨릭과 마찬가지로 문교부에서 업무를 담당하였다.

하지만 실질적으로는 일제시기와 마찬가지로 경찰도 문교부와 함께 종교 관련 업무를 처리하고 있었다. 우선 1960년대 이후 경찰의 사찰 업무는 정보과로 통합되면서 전국의 주요 사찰과 가톨릭, 개신교 교회, 그리고 그 밖의 종교 단체를 감시하고 있었다. 이유는 종교 단체들의 반공反共 체제 확립을 위하여 수시로 사상 동향을 점검하고, 좌익 사상을 갖고 있는 불순분자를 색출해내기 위해서였다. 뿐만 아니라 종교 분쟁이 발생하면 경찰이 개입하였다. 1955년에는 10%도 안 되는 비구승들이 90%가 넘는 대처승을 전국 중요 사찰에서 몰아냈는데, 이때도 경찰은 이승만 대통령의 지시에 따라 비구승을 지원하고 경호하는 한편, 버티는 대처승들을 끌어내는 역할을 맡았다.

내무부 치안국 정보과

아직 국교가 수립되지는 않았지만 1961년 이후 방문 비자를 신청하는 일본인이 한 해 수천 명 수준으로 늘어났고, 일본과의 다양한 교류가 이루어지고 있었다. 또 이미 진행 중인 한일교섭도 조만

간 타결될 것이라고 예상하는 분위기였다. 그러므로 방문 비자를 굳이 거부할 이유도 명분도 없었다.

이런 상황에서 정부 기구 중에서 비자 허용 여부를 결정하는 열쇠를 쥐고 있었던 것은 외무부 여권과가 아니었다. 치안을 담당하는 내무부 치안국 중에서도 핵심적인 역할을 담당하는 정보과에서 비자 허용 여부를 결정하였다. 치안과 정보를 담당하던 내무부의 치안국 정보과는 당시 대한민국에서 최고의 권력이었다.

1961년 군사 쿠데타 이후에 최고의 정보기구로서 중앙정보부가 만들어졌지만, 정보수집과 활용에 오랜 경험을 갖추고 있는 치안국 정보과는 여전히 중요했다. 그래서 군사혁명위원회는 쿠데타 직후 전국의 시도지사와 함께 경찰부서의 장과 정보책임자를 현역 군인으로 임명했다. 경찰 조직의 핵심을 군 인사가 장악한 것이다.

1964년 1월의 치안국 정보과는 군 현역 출신 책임자와 오랜 경력의 정보 경찰이 포진하고 있었다. 그들은 평소 정보 수집활동을 통해서 국내 종교 동향을 파악하고 있었다. 그렇다면 치안국 정보과에서 문교부에 지시하여 개최하도록 한 종교심의 위원회는 어떤 단체이며 무슨 활동을 하였을까.

문교부 종교심의 위원회 개최

문교부는 1958년부터 전도관과 통일교의 사교邪敎 여부를 심의하기 위해 종교심의 위원회를 구성하였다. 종교심의 위원회는 실질적인 심의 기구라기보다는 정부가 개신교의 요구를 수용하였음을 대외적으로 알리기 위한 도구로 활용되었지만 자주 열리지는 않았다. 전도관과 통일교는 개신교에서 출발한 신종교였고 모여드는 사람도 대부분 개신교 신자들이었다. 그리고 그 당시 개신교, 특히 장로교는 끝이 없을 정도로 분열을 거듭하고 있었기 때문에, 각 교단마다 빠져나가는 신자들 때문에 신경이 곤두서 있는 상태였다.

이른바 '박장로교'라 불리던 전도관과 문선명의 통일교가 사교인지 아닌지를 가리기 위한 종교심의 위원회가 1960년 2월에 처음으로 열렸다. [40] 이때 종교심의 위원회에 위촉된 위원은 22명으로 개신교의 각 교단 대표 15명, 천주교 1명, 불교 1명, 천도교 2명, 대학교수 3명이었다. 종교심의회 위원으로 위촉된 개신교 지도자들은 전도관과 통일교가 사교邪敎이며, 이단異端이라고 주장하였고 단속을 요구하였다. 1960년 2월, 종교심의 위원회는 전도관과 통일교를 사교로 낙인labelling 찍었다.

그로부터 4년 후인 1964년 1월 17일, 문교부는 치안국 정보과의 요청에 따라 창가학회에 대한 종교심의 위원회를 열었다. 여기서

---

40) 동아일보 1960년 2월 19일 3면.

1월 17일에 창가학회에 관한 종교심의 위원회가 어떻게 결론에 이르게 되었는지 논의 과정을 살펴볼 필요가 있다. 먼저 참석자부터 살펴보면 종교계 8명, 학계 8명, 언론계 1명으로 구성되었다고 발표되었다.[41]

〈표 4-1〉 종교심의 위원회 참석 현황

	참석 위원	불참 위원
종교계 (8명)	이청담 불교중앙종회 의장(조계종)	신인식 천주교 부주교
	손경산 불교총무원장(조계종)	
	이종익 조계종신도회 부회장(조계종)	
	이남채 대처 측 승려	
	이동낙 천도교 대표	
	김두종 대종교 부대표	
	길진경 기독교연합회 총무	
학계 (8명)	김법린 동국대학교 총장(조계종)	홍이섭 숙명여대대학원장
	조명기 동국대학 불교대학장(조계종)	이홍직 고려대교수
	신사훈 서울대종교학과주임교수(목사)	
	김기두 서울대 법대 교수	
	김기석 단국대 교수	
	신석호 국사편찬위원회 사무국장	
언론계 (1명)		김광섭 합동통신 편집국장

---

41) 동아일보 1964년 1월 17일 7면; 경향신문 1964년 1월 17일 7면.

	참석 위원		불참 위원
문교부 (4명)	윤태림 문교차관		
	허선행 문예체육국장		
	최제만 사회교육과장		
	이원식 종교계장		
내무부 (1명)	치안국 정보과 문화반장 홓경감		
22명	18명		4명

출처: 문교부 사회교육과, 「창가학회 포교대책을 위한 종교심의회 회의록」(1964. 1. 17.), 「기타불교단체(창가학회)」, 소장기관 국가기록원. 관리번호 BA0103891, 229-236쪽.

종교심의 위원회의 참석현황을 보면 신인식 천주교 부주교가 불참하고, 홍이섭 교수와 천주교사를 연구하는 이홍직 교수가 빠졌으며, 언론계 인사로 위촉된 김광섭 국장이 빠졌다. 빠진 이유에 대해서는 자세히 나와 있지 않다. 다만 천주교측은 처음 연락했을 때부터 견해를 말할 수 없다고 거부했다. 이날 종교심의 위원회는 위원으로 위촉된 17명 중 4명이 참석하지 않아, 참석 위원이 13명으로 줄어들었다. 정부 측에서는 문교부 관리 4명과 내무부의 치안국 정보과 실무책임자 1명이 참석했다.

종교계 위원 참석자 7명 중에서 개신교, 천도교, 대종교 측의 대표는 각각 1명씩이지만 불교측 대표는 4명이나 되었다. 이청담 조계종 중앙종회 의장, 손경산 총무원장, 이종익 조계종 신도회 대표, 그리고 대처 측 승려 대표가 참석하였다. 게다가 학계 인사 김법린 동국대학교 총장과 조명기 동국대학교 불교대학장을 합치면 6명이 불교계 대표였다. 개신교 측은 길진경 총무 1명이지만, 신사훈 교수도 목사이므로 2명이라고 볼 수 있다. 반면 법학을 전공한 김기두 교수, 철학 전공자인 김기석 교수, 역사 전공자인 신석호 교수를 합쳐도 학계는 소수였다. 따라서 종교심의 위원회는 구성 면에서 볼 때 불교, 그 중에서도 조계종의 입장이 가장 크게 반영 될 수 있는 구조를 갖고 있었다. 급하게 소집된 종교심의회는 1월 17일 오후 3시부터 문교부 회의실에서 윤태림 문교부 차관의 사회 로 열렸다.

종교심의 회의 진행과정

이날 열렸던 종교심의회의 모습은 서울 지방 검찰청에서 문교 부에 의뢰한 공문과 문교부가 보낸 내부 문서를 통해 볼 수 있다. 1964년 1월 21일, 서울 지방 검찰청은 문교부 담당자에게 종교심 의 회의 개최 결과를 알려달라는 공문을 보낸다. 이에 따라 문교부 담당자는 종교심의 회의가 진행되는 동안 실무자가 정리한 '각 위 원 발언 요지'를 첨부 파일로 보낸다. [42]

이제부터 종교심의 위원회의 회의 진행과정을 살펴보자. 먼저

---

42) 문교부 사회교육과, 「창가학회 포교대책을 위한 종교심의회 회의록」 (1964.
   1.17.), 『기타불교단체(창가학회)』, 소장기관 국가기록원, 관리번호 BA0103891,
   229-236쪽.

말문을 연 것은 길진경 목사였고 조계종 고위 지도자들이 이어서 발언했다.

길진경 목사(한국기독교연합회 총무): 창가학회신도들이 기도할 때 반드시 방석을 사용한다는 데, 방석 밑을 조사하여 본 일이 있는가. 일본 사람으로부터 들은 바에 의하면, 방석 밑에 부적을 넣는다는 말을 들었다. 창가학회는 단일 종파인 한국 불교계에 혼란을 가져온다. 창가학회는 일본을 위하여 만들어진 종교이며, 타국他國 포교는 불가하다고 일인日人 목사도 말하고 있다. 이는 밀교密教로 밀수입되었다. 전통 불교에 잡교雜敎를 섞을 수 없다. 민족적 정기로서도 받아들일 수 없다.

승려 손경산: 우리 한국불교에는 정통이며 전통적인 조계종 밖에 있을 수 없다. 한국불교는 단일화 하여야하므로 이를 배격한다.

이종익 조계종 전국신도회 부회장: 창가학회가 배타적이고, 국수주의적이며, 너무나 현실주의적이다. 그리고 교리가 독선적이며, 일본 국신인 천조대신, 팔번대신을 법화경의 수호신이라 주장하고 있으니 창가학회를 배격한다.

조명기 동국대 불교대학장: 창가학회는 배타적인 종교로 모든 기성 종교를 부인한다. 일본인 자신들도 이를 평하여 애국적인 것은 좋지만 기성 종단을 분쇄하여야 한다는 배타적인 행동이 나쁘다고 말하고 있다. 만일 창가학회가 우리나라에 만연되면, 우리의 국시에 위배될 뿐 아니라 일본 천황과 천조대신을 믿어야 하고, 기성 종교 단체는 파괴되어야 한다. 또한 창가학회는 정계 진출을 할 것이다. 이는 우리 국시에 맞지 않은 종교이다. 창가학회의 창가는 가치 창조를 의미하며, 기성 종단은 가치 없고 '창가학회'만이 가치 있다는 뜻이다.

김법린 동국대 총장: 국수주의적 일본종교를 국내에 만연시키면 어떠한 사태를 발생하게 할는지 모르니, 국가의 안전을 고려하여서도 이를 방지하여야 할 것이다.

이청담 의장: 우리나라에는 우리의 전통적인 조계종이 있다. 이의 만연 방지를 위하여는 3·1운동과도 같은 범국민적 운동을 전개함이 좋을 것이다.

신석호 교수: 일정시日政時의 녹기연맹綠旗聯盟은 일련종日蓮宗과 관련 있는 것으로 알고 있으며, 민족적 의분으로 보아도 이를 믿는 자는 민족 반역자이다.

길진경 목사는 3·1독립운동 때 민족대표 33인에 들어간 길선주 목사의 아들이다. 1933년 조선예수교장로회 신학대학을 졸업하고 목사가 되었으며, 미국 신학교도 졸업한 지식인이다. 해방 후 진보 교단인 기독교장로회 소속 목사였으며, 한국기독교협의회 총무를 1960년부터 1968년까지 맡았다. 길진경 목사는 아버지가 독립운동가임을 자랑스럽게 생각했다. 한 걸음 더 나아가 개신교야말로 대한민국의 민족정기를 수호하는 종교라고 믿고 있었다. 그는 창가학회는 미신이고, 밀교이자 잡교라고 단언한다. 한편 창가학회가 한국에 들어오면 단일 종파인 한국 불교에 혼란을 가져온다고 걱정하였다. 과연 당시의 개신교와 불교가 민족정기를 수호하는 한국종교인지는 단언하기 어렵지만, 당시 불교계는 10년 내내 대처승과 비구승으로 갈라져 분규를 거듭하고 있었다. 길진경 목사는 창가학회가 일본인을 위해서 만들어진 불교이므로, 민족정기를 지키기 위해서라도 받아들일 수 없다고 주장하였다.

신석호 교수는 1925년부터 조선에서 활동한 친일단체 녹기연맹과 일련종이 관련 있다며 창가학회에 대해서 부정적인 견해를 밝혔다. 일본 불교 내에서도 일련종은 매우 큰 종파이며, 일련종 안에도 수많은 분파가 있다. 게다가 일련종 신자들이 녹기연맹은 물론 국주회國柱會 등의 단체를 조직해 활동한 바 있다. 그러나 녹기연맹과 창가학회는 관련이 없다. 오히려 일본 안에서는 일련종이 창가학회의 활동을 방해하고 비판하던 대표적인 집단이었다.

신 교수는 1930년부터 조선총독부가 세운 조선사편수회에 들어가 조선사를 정리하는 데 앞장섰던 인물이다. 해방되자마자 독도를 연구하고, 조선사편수회에서 일한 경험을 살려 현재의 국사편찬위원회의 모체인 '국사관國史館'을 조직하고 책임자로 일하는 동시에 고려대학교 교수로 1966년까지 재직하였다.

조계종 계열의 승려들과 개신교 목사, 그리고 신석호 교수는 치안국 정보과가 내놓은 내용과 주장에 동의하면서 창가학회를 단속해야 한다고 주장하였다.

이들과 생각이 다른 참석자들도 있었다. 먼저 대처승들을 대표해서 나온 이남채 승려는 조계종 승려와는 다른 의견을 낸다.

이남채 승려: 창가학회의 만연이 기성 종단에 피해를 준다고 보지 않는다. 배타적이라고 해서 종교가 될 수 없는 것은 아니다. 따라서 창가학회에 대한 문제는 순수한 종교단체가 아니고 정치단체냐 하는 것이 문제일 것이다.

그는 일본의 종파가 한국에 포교되는 것 자체를 문제 삼을 것이 아니라 정치단체인지 여부만 확인하자고 했다. 이어서 학계에서도 조계종이나 기독교의 입장과는 다른 생각을 내놓는다.

김기두 서울대 법대 교수: 비종교인으로서 말하겠다. 과거 문교부에서 박장로교에 관하여 정사正邪를 단정하기 위한 심의회를 가진 때도 주장하였거니와, 종교란 어떤 절대적인 신앙 대상이 있어 믿으면 종교이지, 정교나 사교냐의 단정은 할 수 없다고 생각한다. 오직 그 행위가 우리나라 타법에 저촉되면 법에 의하여 처리함이 타당한 것으로 생각했다.

김기석 단국대 교수: 문교부에 종교 문제를 연구하는 기관이 있어야 할 것이다. 창가학회의 우리나라 침입은 기성 교파가 자기 구실을 못하여 침입한 것으로 생각되며, 우리나라 종교인의 각성을 촉구한다. 하지만 현재로서는 창가학회의 정체를 알 수 없으니 그 정체를 완전히 파악한 후 포교 여부를 허락하는 것이 좋겠다.

또한 정부 당국이 나서서 법적으로 금지할 게 아니라 민간의 반대운동을 불러일으키는 편이 더 좋다는 의견도 있었다.

김법린 동국대 총장: 여기서 정·사교正·邪教나를 가리지 말자. 정치적으로 보아 국시國是에 어긋나는 것이라고 규정하여 처리함이 타당하다"

이청담 의장: "만연 방지를 위하여는 3·1운동과 같은 범국민적 운동이 전개되어야 할 것으로 생각한다"

신사훈 서울대 교수: 국시에 위배되어 방임할 수는 없으므로 역시 간담회 등으로 계몽을 한 후, 정부는 서서히 방안을 연구, 처리함이 타당하다.

당국의 종교 억제에 의문을 가진 사람은 대종교의 부대표였던 김두종이었는데 이에 대해 치안국 정보과 문화부장 강 경감이 다음과 같은 요지의 발언을 한다.

김두종 대종교 부대표: 당국에서 이를 억제할 경우 음성화하여 오히려 사회에 피해를 줄 염려는 없을까.

정보과 문화반장 강 경감: 종래의 예로 보아 억제하면 음성화할 가능성이 다분하며, 표면적으로 불법을 규정하더라도 관계 법규가 없어 단속은 곤란하며, 만연 방지책으로는 다음 조치를 취함이 가할 것이다. 1. 범국민운동으로 이를 방지한다. 2. 포교를 위한 각종 책자의 수입을 단속한다.

강 경감의 발언이야말로 회의가 나아갈 방향을 제시하는 것이었다. 대체로 창가학회를 부정적, 비판적으로 평가하고, 정부가 나서서 단속해야 한다는 견해를 밝힌 것은 불교계 위원들이었다. 기독교연합회 총무인 길진경 목사도 적극적으로 발언하면서 포교 금지를 주장하였다. 그러나 민족종교라고 흔히 부르는 두 교단, 즉 천도교 측에서는 아무 발언도 하지 않았고, 김두종 대종교 부대표는 음성화할 우려가 있다며 당국의 단속을 반대한다.

학계에서 김범린 동국대 총장과 조명기 동국대 학장, 그리고 신석호 국사편찬위원회 사무국장은 단속해야 한다는 데 찬성이었지만, 다른 위원들은 반대, 또는 신중론을 내놓았다. 서울대 법대 김기두 교수는 "종교를 두고 정교냐 사교냐 단정은 할 수 없다. 오직 그 행위가 우리나라 법률에 저촉되면 법에 의하여 처리함이 타당하다."고 반대의견을, 서울대 종교학과 신사훈 교수는 "기본적으로는 단속에 찬성하지만, 정부가 서서히 방안을 연구하여 처리하라"는 신중론을 내놓았다. 결국 종교심의 위원회 위원들의 발언을 종합해 볼 때, 불교계 승려와 개신교 목사는 창가학회를 '반민족적 반국가적인 왜색종교'로 규정하였지만, 다양한 반대론과 신중론도 함께 나왔다.

위원들이 돌아가면서 자신의 의견을 내놓기는 했지만, 활발한 질의 토론을 한 것이 아니었고, 아무런 결론도 끌어내지 않은 상태로 끝났다. 그런데도 사회를 맡은 윤태림 문교부 차관은 회의를 마무리하면서 "지금까지 여러분들이 말씀한 것을 집합하면, '국시에 위배되고 반민족적'이라는 결론을 얻었습니다. 관계 부처와 협의하

여 신중 처리하고자 합니다."라는 발언으로 결론을 내렸다. [43)]

종교심의 위원회는 내무부 치안국 정보과에서 주문한 방향으로 회의를 끝냈다. 회의는 한 번으로 종료되었다. 그러나 이 회의는 이후 한국종교 문제를 다룰 때 중요한 근거로 활용된다.

회의장의 주목할 만한 인물

회의에는 두 사람의 주목할 만한 인물이 참석하고 있었다. 한 사람은 경찰 정보과 담당관이었다. 회의록에는 '치안국 정보과 문화반장 姜 경감'이라고만 적혀 있다. 다른 참석자는 모두 이름을 밝히면서도, 정보과 담당자만은 비밀 커튼 안에 두었다.

치안국 정보과 문화반은 평소 각 종교단체의 내부 사정을 사찰하고, 상부에 보고하는 임무를 띠고 있는 부서로 국내 종교단체에 대한 정보를 가장 많이 갖고 있을 뿐만 아니라 최근의 사정을 정확히 파악하고 있는 부서였다. 그런 부서의 책임자가 회의에 참석한 것은 그만큼 이 회의의 중요성을 말해주는 것이었다. 치안국 정보과의 실무책임자인 그는 「일연종 창가학회 분석 및 대책」 문건을 작

---

43) 문교부 사회교육과, 「창가학회 포교대책을 위한 종교심의회 회의록」 (1964. 1.17.), 『기타불교단체(창가학회)』, 소장기관 국가기록원, 관리번호 BA0103891, 229-236쪽.

성하여 문교부에 보낸 당사자로 심의회 위원들의 질문에 대답할 수 있는 인물이었다. 하지만 강 경감은 내부문서에만 등장할 뿐, 대외적으로 언론에 발표할 때도 빠져 있는 그림자 같은 존재였다.

이 날 회의에는 초대받지 않은 또 한 사람이 있었다. 스스로를 창가학회 회원 대표라고 한 이정순이라는 여성이었다. 그녀는 서울 종로에서 '희망 결혼상담소'를 운영하면서 좌담회를 주도하고 있었다. 그녀는 신문에 창가학회 문제를 다룰 종교심의 위원회가 열린다고 보도된 것을 보고 해명서를 작성하여 문교부를 직접 찾아갔고, 담당 과장이 그녀를 회의에 참석시킨 것으로 보인다. 17일 오후 3시에 열린 종교심의 위원회에서 담당 과장이 "마침 현재 창가학회 대표라고 자칭하는 사람이 와 있다"고 소개하고 있다. 그러나 회의록 어디에도 이정순의 발언은 보이지 않는다. 문교부 직원은 그녀에게 해명서 내용을 심의회 위원들에게 설명할 기회를 주려고 했는지 어땠는지 회의록만 보아서는 알 수 없다. 그러나 회의록에 이정순의 말이 없는 것으로 보아 심의회의 위원들 누구도 그녀에게 질문을 하지 않았음을 짐작할 수 있다.

종교심의 위원회는 창가학회 측의 의견도 들어보려는 토론회가 아니었다. 문교부 차관이 호명하는 대로 위원들은 돌아가면서 자기 의견만 한 두 차례씩 내놓았고 서로 간에 심도 있는 의견 교환 없이 회의는 그걸로 끝이었다. 이렇게 1월 17일에 열린 문교부의 종교심의회가 끝나고, 다음날인 18일에는 주요 일간지마다 문교부 장관의 담화문이 실렸다.

국가 정책이 된 창가학회 포교금지

〈그림4-1〉 창가학회 포교금지 기사

第三種郵便物認可

西紀1964年1月18日 (土曜日)

創價學會 布敎禁止키로

"反國家·反民族的 종교

宗敎審議委서 結論……政治·사상적侵略性띠었다"

17일하오 문교부에서 창가학회(創價學會)에대한 종교상분쟁과 성분을논의한 종교심의회는『창가학회가 반민족적이며 반국가적이란』는 결론을얻고 끝문교부에서 포교금지를 내린것으로 알려졌다. 종교계 학계 언론계등 二十二명의위원이모인 이날회의에서는 많은위원들이『창가학회가 일본천황과 환신을숭상하고 동방요배를하는등 일본의 국수주의적인 경향이짙으며 정치적사상적으로보아 명백히 침략성을띠었다』는데 의견을 모으고 사교성(邪敎性)의 문제를떠나『반민족적, 반국가적종교이므로 포교를 금지시키기로했다』고 심사위원들이 전했다.

韓國擔當은「松島」氏

"妨害하면叛逆"云云코·布敎

【大邱支社】17일 창가학회(創價學會)의 진상을 조사중인 남대구경찰서에 의하면 창가학회는 민주당정권당시인 61년3월 대구교도소근무 김인선(金仁先=43=女=大邱市三德洞)씨가 재일교포 이혜자(李惠子=創價學會 早稻田支部 副會長 김종식의처)씨와 접선 수입, 작년10월부터 학생회를 조직 매일요일마다 남학생은10시, 여학생은 5시부터 2시간씩 동학회종교교양을 시켜왔다는것이다.

이밖에 일본동경(東京)에서 발간되는 창가학회기관지 성교신문(聖敎新聞)도 비공식으로 우리나라에 들어왔는데 창가학회를 방해하는것은 대반역죄를 범하는것이라는 허무맹랑한 선전도 이에 포함되어 있다한다.

한편작년8월에 모「나일론」회사의 기사로대구에온「이시다」씨는 창가학회의 열렬한회원으로 포교까지했다하며「이시다」씨는또한창가학회 대구지구책임자최규원(崔圭垣)씨와 접선한사실도 드러났다. 그리고일본창가학회의 한국 탐당자는

搜査指揮

檢察서 事件

17일 검찰은 금년도최초의 검사회의를 열고 신년도운영계획으로 검찰수사지휘권확립을위해 ①경찰을포함한 각수사기관은 24시간내에 사건을 보고해야하며 태만했을때는 문책할것 ②송청된 서류는 하나하나입건, 수사개시의 타당성을분석, 통계하여 통보해주며③검찰각부(部)에 수사전문연구회를 두고 ④수사보고대상자를 계층별로 구분했다.

출처: 조선일보 1964년 1월 18일 7면.

문교부는 1월 18일, 창가학회를 '반국가 반민족적인 왜색 종교'로 규정하였고, 포교를 금지하였다. 담화문에서는 문교부가 종교심의 위원회를 구성하여 창가학회의 유래와 교지, 국내 포교실태를 검토하였다고 하였다. 담화문은 치안국 정보과에서 준 문건을 토대로 문교부 담당 직원이 미리 작성해 둔 것이었다. 창가학회의 특징이라고 제시한 '황국적 색채가 농후하여 국수주의적이고 배타적인 집단'이라는 표현은 회의 내내 나온 적이 없었던 말이다.

　종교심의 위원회는 창가학회 활동을 금지시키기 위한 근거를 제공하는 역할을 하였다. 언론이 주목했던 것은 창가학회가 사교냐 아니냐 하는 점과 종교단체냐, 정치단체냐 하는 점에 대한 판정이었다. 하지만 담화문은 '종교 단체이냐 사이비 종교단체이냐 또는 정치 단체이냐를 가릴 것조차 없이'라고 하여, 두 문제 모두 피해갔다. 그리고 아무런 이유 설명도 없이 '우리 국가 민족의 처지로서는 반국가적 반민족적인 단체로 규정될 수밖에 없다'고 주장하고는 '전 국민이 협심 단결하여 이의 만연을 방지할 필요가 절실하다는 결론에 도달하였다'고 마무리하였다.

　결국 문교부 장관의 담화는 창가학회가 사교이기 때문에 금지하겠다는 것도 아니고, 종교의 탈을 쓴 정치단체이기 때문에 막겠다는 것도 아니었다. 그 대신 창가학회가 '민족정신을 흐리게 함으로써 간접적인 정신적 침략이 우려되기 때문에 막겠다'는 것이었다. 해결책은 '전 국민이 협심 단결하여 이의 만연을 방지해 달라'고 민족감정에 호소하는 것뿐이었다. 국민의 반일 감정을 부추기는 정책이었다.

왜 이렇게 되었을까. 치안국 정보과에서 애초에 구상했던 방향은 종교심의위원회에서 사교로 규정하거나 정치단체로 결론이 나면, 각종 법규를 적용해 단속하면 되고, 그렇지 않다면 각종 관변단체와 학생을 통해서 관제 데모를 하게 만든다는 것이었다. 하지만 문교부가 창가학회를 치안국 정보과에서 요구한 방향으로 몰아가기는 했지만, 참석한 의원들의 의견이 분분하여 사교라고 규정하기도 어렵고, 그렇다고 정치단체라고 몰아가기도 어렵게 되자, 자신들이 미리 정해놓은 방향으로 결론을 끌고 가 버린 것이다.

이후 종교심의위원회의 이 결정은 각종 공문서나 협조 공문을 발송할 때 포교 금지령을 내린 근거로 이용되었다. 포교 금지의 근거가 필요하면 언제나 '사계의 권위자들이 모인 종교심의회'가 결정한 것이라고 내세웠다. 이 날 참석했던 위원들은 정부의 창가학회 포교 금지 조치를 지지하고, 뒷받침하는 역할을 담당한 사람들로 역사에 남게 된 것이다.

담화문 발표의 다음 차례로 문교부는 창가학회 금지 조치를 1월 21일 국무회의에 상정하였다. 이 회의에 박정희 대통령은 참석하지 않았다. 국무총리 주재로 장관들이 모인 국무회의에서 '창가학회 조치 상황 보고(안건 55호)'가 올라갔고 창가학회의 활동을 금지하는 조치는 문교부를 거쳐서 국무회의까지 올라가 국가 정책으로 확정되었다. 그런데 국무회의에 상정된 이 안건 서류의 관계법령조문 란에는 '해당 조문 없음'이라고 되어 있었다. 창가학회의 포교를 금지할 법조문이 없었기 때문이다. 국무회의 회의록에는 '앞으로 창가학회에 관하여는 이를 단속하고 방지하는 방향으로 시책을 강구할 것이다.'라고 기록되어 있다. 회의 중에 질문이나 토론이 있었다는 내용은 보이지 않는다. 1964년 1월 25일, 국무총리가 주재한 국무회의에서 창가학회 포교 금지조치가 승인되었다.[44]

문교부는 종교심의 위원회를 거쳐 장관 명의로 담화문을 발표하고, 이어서 국무회의까지 통과시켜 창가학회의 국내 포교를 금지시켰다. 다음으로 정부는 각 부처의 협력을 얻기 위해 내무부, 체신부, 재무부 등 각 부서와 국방부에 공문을 보내 협조를 요청했다. 공무원과 장병들 중에 창가학회 신자가 있으면 단속해 달라는 내용도 있었다.[45] 신문에 창가학회 관련 뉴스가 보도되기 시작한 지 불과 2주일 만에 창가학회 포교 금지조치가 국가 정책으로 확정된 것이다.

내무부 장관은 1월 31일자로 창가학회의 포교를 위한 집회 및 통신 연락과 간행물의 반입, 배포, 취득, 열람을 금지하는 행정 처분을 내렸다. 경찰은 이 조치에 따라서 창가학회를 단속하게 되었다. 그 밖의 다른 부서들도 협력을 하게 되는데, 단속할 법적 근거가 없었기 때문에 관계 부처마다 각종 단위의 법규를 적용해서 단속하도록 하였다. 각 단위의 법규란 내무부에서는 경범죄 처벌법, 형법, 국민의료법을, 재무부에서는 외환관리법을, 보건사회부에서는

---

44) 제6회 국무회의록(1964년 1월 21일), 「창가학회 조치상황 보고」 소장기관 국가기록원, 관리번호 BG0000396, 399쪽.

45) 문교부사회교육과, 「창가학회조치에 따르는 우편물 등 단속 협조요청」, 『기타 불교단체(창가학회)』 국가기록원 소장 문서 관리번호 BA0103891, 146-151쪽.

국민의료법을, 체신부에서는 임시 우편물 단속법을, 문화공보부에서는 외국(일본) 정기간행물수입에 관한 법률을 말한다. 정부는 이를 최대한 이용해서 창가학회의 모든 것을 단속하기로 하였다.[46] 이는 창가학회를 단속하기 위해서 국가기구 중에서 동원 가능한 부처들이 총동원되어 협력했음을 말해준다.[47]

1월 10일부터 2주간에 걸쳐 진행된 창가학회에 대한 신문보도와 조계종을 중심으로 한 불교계 대표들과 재건국민운동 등 관변 단체들의 궐기 대회, 상록회 등의 대학생 연합 단체의 반대 성명 등으로 창가학회는 위험하다는 여론이 조성되었다. 이를 바탕으로 문교부가 종교심의 위원회를 소집하였고, 종교계, 학계, 언론계와 관계 부처 관계자들이 참가한 종교심의 위원회가 창가학회에 대한 포교를 금지해야 한다고 결론을 내렸으며, 문교부 장관이 창가학회 포교를 금지한다는 담화문을 발표하고, 국무회의에 안건으로 상정하여 통과되었다.

문교부는 내무부, 재무부, 체신부 등 관계 부처에 공문을 보내 창가학회의 포교 활동을 금지하기 위한 조치에 협력해 달라고 요

---

46) 「보고서」(1971. 8. 18.), 『기타 불교단체(창가학회)』 국가기록원 소장 문서 관리번호 BA0103891, 20~25쪽.

47) "64. 1. 18. 전기한 바와 같은 방침 결정에 따라 예하 각 기관에 시달함과 동시 최선을 다하여 그 만연을 방지하도록 하였으며, 내무부(단속), 공보부, 재무부(유인물의 통관 금지), 체신부(우편물 단속)와 재건국민운동본부(국민운동에 의해 만연방지)에 각각 협조 의거 조치하였으며", 「창가학회에 대한 조치 경위」, 『기타 불교단체(창가학회)』 국가기록원 소장 문서 관리번호 BA0103891, 51-53쪽.

청하였다. 그리고 문교부 산하 전국 교육위원회와 초중고 학교 및 대학교와 정부 각 부처에 공문을 보내 학생과 공무원들이 창가학회를 가까이 하지 않도록 주의를 촉구하는 한편, 이미 창가학회 회원이 된 사람을 회유하도록 했다. 이 과정을 거치면서 창가학회는 '나쁘고 위험한 일본(倭) 종교'라는 이미지가 굳어졌다.

제5장 '나쁜 종교'가 된 창가학회

창가학회 한국 방문단의 비자 발급 거부

1963년 12월 초, 일본 창가학회 본부에서는 한국 방문단을 파견하겠다며 주일한국대표부에 입국허가를 신청하였다. 한국의 창가학회 회원이 그들을 초청하는 형식을 취했으며, 방문 목적은 한국 창가학회 회원들의 조직 결성을 돕는 것이었다. 서울, 대구, 부산 등 주요 지역에서 모임을 가질 예정이라는 소식이 한국 창가학회 회원들에게 알려졌다. 이는 창가학회 본부가 한국을 방문하기위해 낸 최초의 입국신청이었다. 이미 7월에 재일 한국인 회원 2명이 개인 자격으로 입국하여 국내 회원들을 만나 실정을 확인한 바 있었다. [48] 재일 한국인 회원들이 한국을 방문했을 때도 언론에 크게 보도되고 주목을 받았는데, 만약에 창가학회 본부 방문단이 온다면 더 크게 언론의 주목을 받을 것이었다. 이 소식은 외무부를 통해 국내 각 기관에 알려졌고, 한국 정부는 이들의 한국 방문을 허용할지 여부를 놓고 고심했다. 결국 정부는 입국 비자 발급을 거부하기로 방침을 세웠다. 그래서 외무부를 통해 주일한국대표부에 비자를 허가하지 않는다고 알렸다. 그런데 이 사실이 언론에 공개된 것은 이미 창가학회를 비판하고 공격하는 신문 기사들이 여러날 보도된 후였다. [49]

---

48) "韓國進出 꿈꾸는 日本 創價學會 - 來韓한 在日僑胞 朴相輔씨 등 앞장 서", 동아일보 1963년 7월 24일 5면.
49) 한국일보 1964년 1월 15일 3면.

언론을 통한 '나쁜 종교' 만들기

신문 자료만으로 정부의 창가학회 반대 캠페인을 누가 어떤 방식으로 추진한 것인지 알기 어렵다. 그러나 신문 자료와 정부 행정 관리들이 남겨놓은 공문서들을 함께 살펴보면, 창가학회 반대 캠페인의 진행 과정을 파악할 수 있다.

먼저 신문 기사를 보자. 당시 큰 영향력을 갖고 있던 전국 규모의 일간지, 특히 조선일보, 동아일보, 경향신문, 한국일보가 창가학회에 대한 비판에 힘을 모았다. 이 신문들에는 1964년 1월 10일부터 21일까지 12일 동안 창가학회에 대한 기사와 사설, 칼럼이 비슷한 용어와 어조로 50개가 실렸다. 〈표 5-1〉에서 이를 확인할 수 있다.

그런데 18일 문교부 장관이 창가학회 포교 금지 담화문을 발표하고, 21일에 국무회의를 통과하고 나서는 약속이나 한 듯이 관련 기사가 신문 지상에서 사라졌다. 물론 어떤 사건이 터졌을 때 여러 일간지들이 동시에 보도하고, 그 보도가 여러 날 이어질 수는 있다. 하지만 창가학회의 경우는 달랐다. 창가학회를 비판하는 신문 보도가 밀물처럼 쏟아지다가 정부가 금지 조치를 내린 다음에는 썰물처럼 사라졌다. 이는 쉽게 볼 수 있는 일이 아니다. 나는 이것이 치안국 정보과에서 보도 자료를 만들어서 각 신문사에 제공하고, 보도 협조를 요청 또는 지시했기 때문에 가능했다고 본다.

〈표 5-1〉 창가학회 관련 기사 및 사설 (1964.1.10.–1964.1. 21.)

	조선일보	동아일보	경향신문	한국일보
10일(금)			7면 톱기사	
11일(토)	6면 기사	2면 사설	1면 칼럼 6면 톱기사 7면〈대구〉속보	3면 기사
12일(일)	휴간	휴간	휴간	3면 기사
13일(월)		7면 기사	2면 사설 7면기사 1. 2.	휴간
14일(화)	2면 사설 6면 기사 7면 기사 1. 2.	1면 칼럼 7면 특집	7면 기사	3면 기사
15일(수)		2면 사설 5면 칼럼 7면 기사 1. 2.	2면 사설 7면 기사	3면 특집 4면 기사
16일(목)	7면 기사	7면기사	3면 칼럼 7면 〈제주〉	
17일(금)	5면 특집 7면 기사	3면 기사 7면 특집	7면 기사	
18일(토)	7면 톱기사	7면 기사	3면 기사 7면 기사 8면 칼럼	3면 기사
20일(월)		1면 칼럼	3면 칼럼 3면 독자투고	
21일(화)		5면 기사	7면 기사	3면 기사
합계	9개	15개	19개	7개

　이렇게 판단하는 이유는 문교부가 중심이 되어 종교심의위원회를 개최하게 된 과정은 물론, 이후 이 문제와 관련한 각종 대응 방

안과 일정을 치안국 정보과가 계획하고 주도하였기 때문이다.

치안국 정보과에서 각 신문사에게 보도 협조를 요청했음을 증명할만한 자료가 문서로 남아 있다면 좋겠다고 생각했다. 물론 이런 종류의 은밀한 요청을 보여주는 문서가 남아 있을 가능성은 많지 않다. 나는 그래도 혹시 내무부 치안국이 남긴 문서철에 관련 문서가 남아 있지는 않을까 싶어서 국가기록원의 치안국 관련 기록을 꽤 오랜 시간을 두고 뒤져 보았다. 그 과정에서 알게 된 사실이지만, 국가기록원이 보유하고 있는 대한민국 경찰에 관한 기록은 전체적으로 대단히 부실하고, 또 해방 이후 경찰의 활동을 파악하기에는 턱없이 부족한 상태였다. 그 많던 경찰 기록들은 다 어디로 갔을까. 모두 소실된 것일까 하는 의문이 들었다. 그래서 관련 전문가들의 의견을 들어보았다. 그들은 나에게 경찰 자료 중에서 중요한 것은 국가기록원에 넘기지 않고, 경찰이 자체 보관하고 있다고 알려주었다. 예를 들면, 그동안 여러 차례 비공식자료로 세간에 떠돌던 제주 4·3 관련 기록이 모두 경찰 문서보관실에서 흘러나온 것이라는 말을 들었다. 하지만 정작 2000년에 제주 4·3특별법이 제정되고 진상조사보고서를 작성하기 위해 제주 4·3위원회가 정식으로 경찰에 관련 문서 제출을 요구했을 때, 비중 있는 자료를 거의 제출받지 못했다. 그 사이에 파기했거나, 아니면 있어도 없다고 대외적으로 발표하는 것이다. 경찰에게 불리한 정보를 담고 있는 자료라면 더더욱 그럴 가능성이 높다. 그러니 치안국 정보과에서 생산한 자료라면 다른 수사 자료보다도 훨씬 민감하게 비밀로 취급했을 가능성이 높다고 생각했다.

하지만 경찰 자료는 뜻밖의 문서철에서 발견되었다. 그것은 다름 아닌 문교부의 종교 담당 부서에서 보관하던 문서철에 첨부 문서 형태로 삽입되어 있던 것들이었다. 치안국 정보과에서 문교부에 창가학회에 대한 대책을 요구하고, 그 후 창가학회 포교 금지조치를 실행하는 동안 치안국 정보과와 문교부 담당자 사이에는 꽤 많은 문서가 오고 갔음을 확인할 수 있었다.

그 중에서도 1964년 1월 14일에 치안국 정보과에서 작성한 「일련종 창가학회 분석 및 대책」이라는 보고서를 주목한다. 이 보고서는 치안국장이 문교부에 보낸 문건이다. 이 자료에는 창가학회의 교리, 전도 방법, 한국 전래 경위, 일어 염불 및 학회가 제창 원인과 동방요배의 이유, 각계 동향, 전망까지 상세하게 정리되어 있다.[50]

이 문건은 치안국 정보과에서 문교부에 보낸 것인데, 치안국이 창가학회에 관련된 정보를 담은 자료를 각 언론사에 제공했다면 그 내용은 거의 대동소이했을 것임은 쉽게 짐작할 수 있다. 언론은 처음에는 치안국 정보과에서 제공한 자료를 바탕으로 보도하다가, 나중에는 각 신문사마다 기자가 직접 취재를 해서 보도하였다. 정보과에서는 계속해서 자료를 제공하였다.

---

50) 「일연종 창가학회 분석 및 대책」 (1964. 1. 14.), 『기타 불교단체(창가학회)』 국가기록원 소장 문서 관리번호 BA0103891, 184~195쪽.

창가학회 조직표와 간첩 조직표

　신문보도의 중요한 특징 가운데 하나는 창가학회의 한국 포교 과정을 비밀조직처럼 설명한 것이다. 기사 내용을 보면 일본 우익 종교조직이 한국에 침투하여 조직망을 형성한 것처럼 보인다. 일본인 책임자들의 지휘 하에 한국인 조직이 위계적으로 구성되어 일사불란하게 움직이는 조직처럼 그려 놓았다. 기사에서 자주 사용되는 단어는 창가학회, 침투, 밀입국, 정체불명, 교포, 조련계(조총련 계열), 자금 루트, 조직체계, 연락망, 책임자 등이다. 이런 용어들을 경찰과 검찰이 수사에 착수하였다는 말로 뒷받침 하였다. 신문이 출처로 인용하는 주요 국가 기관은 문교부, 경찰, 검찰이다. 문교부 장관이 나서서 금지령을 발표하고, 이것을 뒷받침하기 위하여 경찰이 수사를 전개하여 조직 구성과 자금 루트를 파악한다. 그리고 이 내용을 바탕으로 검찰이 구속 여부를 결정한다. 이를 위해서 검찰이 각종 법률 위반 여부를 검토 중이라는 신문 보도를 읽고 있으면 창가학회 신자들은 모두 범법자 취급을 받고 있고, 창가학회를 믿으면 국가 반역자가 된 것 같은 느낌을 받는다.

　치안국 정보과는 일선 경찰 조직을 총동원하였다. 그러자 경찰은 전국 각지 창가학회 회원들의 집회를 사찰하는 한편, 창가학회 책임자의 집을 수색해서 관련 서류를 압수하고, 관련자를 경찰서로 연행하였다. 그 중에서 대구 경북지역의 경우를 보자. 경찰은 창가학회 대구 경북 지역 책임자인 최규원을 연행하면서 회원 명부도 압수했다. 그리고 경찰서에 잡아 가두고는 '창가학회의 조직

관계와 자금 루트 등을 문초 중'이라고 밝혔다. 기자는 '탐문된 바에 의하면, 창가학회의 포섭 대상은 교원 노조와 공무원, 직공, 그리고 서민층이다. 전도 자금은 일본에 있는 창가학회 모임 일본인 간부를 통해 들여왔다는데 그 액수는 알려지지 않았다. 한편 최 씨의 입건 여부에 대해 경찰은 밝히지 않았다.[51]고 하였다.

〈그림 5-1〉 한국일보에 실린 창가학회 비판 기사

출처: 한국일보 1964년 1월 18일 3면

---

51) 조선일보 1964년 1월 17일 7면.

한국일보 1월 18일자를 보면 제목을 '한국총책임은 「송도」씨', '창가학회 조직체계 등 파악', '주요 도시엔 일인 전도책임자 한 명씩'이라고 붙이고, 여기에 조직도를 그려서 첨부하고 있다. 이 기사를 읽는 사람들은 창가학회가 간첩조직이라는 인상을 받기 마련이다. 하지만 정작 내용을 읽어보게 되면, 창가학회 회원이 무슨 잘못을 했고 누가 검거되었는지도 나와 있지 않다.

창가학회를 위험집단으로 만드는 데는 경찰뿐만 아니라 검찰 등 다른 조직들도 함께 가동되었다. 검찰은 창가학회가 「반공법」 및 「국가보안법」 위반 혐의가 있다는 취지로 발언하였고, 이것이 언론에 크게 보도되었다.

18일 상오 검찰은 전국적으로 번지고 있는 創價學會에 대하여 '반공법' '국가보안법' 위반혐의로 수사에 나섰다. 서울지검은 '創價學會'의 조직, 자금 루트, 간부의 성분을 세밀히 검토하여 이날 상호 현재 대체적인 조사를 끝내고 이에 대한 입건여부와 계속 수사를 할 것인지를 결정짓기 위해 대검에 보고했다. 검찰은 創價學會에 대하여 집회 및 시위에 관한 법률 위반과 정치단체 등록법 위반 혐의도 아울러 검토 중인데, '창가학회'는 현재까지 등록되지 않고 있다. 대검은 創價學會의 사상적인 면을 조심스럽게 검토하여 국가보안법 및 반공법 위반 사실이 있는지를 밝히고 있으며, 사회 질서 안녕을 어지럽히고 있는지를 예의 조사 중이라고 밝혔다. …

경찰은 創價學會 신도들에 대한 정식 입건조치는 없을 것이라는 입장을 밝혔다. 이러한 조치는 신도들에 대한 입건 등의 법적 제재는 오히려 이 학회가 지하로 들어가 음성적인 불법단체로 변할 것을 우려하기 때문에 취해지는 것이다.

그러나 창가학회가 계속 조직을 확충하고 비밀집회를 계속할 경우 간부들을 입건하는 등 강력한 제2차 조치를 취할 방침이 정해졌다. 경찰은 계속 전국의 창가학회 조직을 내사중이며, 일본 조련계와의 접선에 대한 수사가 상당히 진전되고 있는 것으로 알려지고 있다.[52]

이 기사는 검찰 역시 경찰과 마찬가지로 창가학회가 어떤 법률을 위반했는지에 대해서 정확한 죄명을 대는 것이 아니면서도, '반공법' 및 '국가보안법' 위반 혐의, '집회 및 시위에 관한 법률' 위반과 '정치단체 등록법' 위반 혐의를 조사한다고 했다. 이 기사만 놓고 본다면, 창가학회의 한국 포교는 박정희 정권 하에서 흔히 보던 간첩단 사건을 연상시킨다. 마치 북으로부터 간첩 조직이 남한에 침투했는데, 침투 경로는 어떻고, 포섭대상은 어떻고, 자금 루트는 어떻다는 식이다. 하지만 경찰은 창가학회 회원들을 정식으로 입건 조치하지는 않을 것이라고 입장을 밝힌다.

동아일보에는 '18일, 치안국은 문교부에서 포교 금지키로 한 창가학회에 대해 여태까지의 간부나 신도에게 형사 책임을 묻지 않고 앞으로 포교하는 경우에만 의법 조처할 방침이라고 밝혔다.'라는 기사가 나온다. 경찰은 언론에 창가학회 회원들을 모두 잡아들

---

52) 경향신문 1964년 1월 18일 7면.

일 것처럼 해 놓고 포교금지 조치가 내려진 다음에는, 선심을 쓰는 듯한 태도를 취한다. 이것은 경찰이 법 집행기구로서가 아니라 정치적인 방식으로 경찰력을 사용하고 동원한 것이다.

신문이 인용하는 주요 국가 기관은 문교부가 앞에 서고, 이어서 경찰, 검찰이 뒤를 잇는다. 문교부 장관이 나서서 금지령을 발표하고, 이것을 뒷받침하기 위하여 경찰이 수사를 전개하여 조직 구성과 자금 루트를 파악한다. 그리고 이 내용을 바탕으로 검찰이 구속 여부를 결정한다.

신문 보도만을 본다면 창가학회 신자들은 범법자나 국가 반역자가 된 것 같지만 경찰이 계속 집회를 단속하면서도 법률 위반 행위로 실형을 받은 창가학회 회원은 없었다. 하지만, 신문 보도를 읽은 사람들은 창가학회나 회원을 좋게 볼 수는 없었다. 국가가 금지하는 종교였던 것이다.

일본침략정신 분쇄투쟁회

「일본침략정신 분쇄투쟁회」는 대구에서 조직된 단체인데, 이 단체와 관련된 두 건의 문서에서 창가학회의 확산을 막으려 하였던 일반 국민의 모습을 볼 수 있다.

창가학회에 포교금지 조치가 내려지고 난 뒤, 한 달쯤 지난 3월 초에 일본침략정신 분쇄투쟁회日本侵略精神粉碎鬪爭會는 대통령과 국회의원 앞으로 건의문을 보낸다. 창가학회를 강력히 막아야 한다는 내용이었다. 문서는 국회의원에게 보내는 '건의문'과 '규탄문', '성토문', '결의문', '창가학회의 정체' 등이 첨부 문서로 달려 있다.[53]

일본침략정신 분쇄투쟁회의 소재지는 '대구시 동성로 2가 16'이라고 주소를 적어 놓은 것으로 미루어 볼 때, 대구 시내에 사무실이 있었다. 첨부 문서 중에서 규탄문이 1월 30일자로, 결의문이 2월 15일자로 되어 있는 것을 보면, 이 단체는 적어도 1월 30일 이전에 활동을 시작했고, 2월 15일에 회원 집회를 개최했을 가능성도 있다. 따라서 대구를 중심으로 창가학회를 반대하는 사회단체를 결성하여 활동을 시작하면서 국회의원과 대통령실에 결의문을 보내 자신들의 활동 내용을 전국적으로 알리고자 했던 것으로 보인다.

이 단체가 국회의원들에게 보낸 건의문에는 그동안 이 단체가 생산한 문서들이 첨부되어 있었다. 그 중에서 2월 15일자로 되어 있는 '결의문' 맨 끝부분에 '이상 사항을 본 대회에서 엄숙히 결의하고 관계 단체는 서명 날인한다. 서기 1964년 2월 15일 일본침략정신 분쇄투쟁회'라고 되어 있는 것을 보면, 대구 시내의 여러 사회단체가 모이는 연합 단체로 만들려고 기획한 것으로 보인다. 하지만 구체적으로 어떤 단체가 가입했는지는 나와 있지 않다.

---

53) 건의문(일본침략정신분쇄투쟁회)(3월10일), 창가학회의 정체에 대하여(同)(1월30일), 규탄문(同)(1월30일), 성토문(同), 결의문(同)(2월15일), 창가학회의 정체(同), 『기타 불교단체(창가학회)』 국가기록원 소장 문서 관리번호 BA0103891.

건의문에는 여러 가지 문서가 첨부되어 있는데, 언론에 보도된 내용을 토대로 창가학회를 비판하면서, 정부의 창가학회 포교 금지 조치를 열렬히 환영하며 지지한다는 내용으로 채워져 있다.

이들은 대구에 식민지 시대의 신사가 여전히 남아 있음을 지적하면서, 창가학회 본부가 대구에 있다는 것 또한 치욕으로 여기고 있으며, 창가학회 포교에 대해서는 투쟁해야 한다고 강조하였다.

이 '일본침략정신 분쇄투쟁회'의 문서들이 배달된 이후에 이 단체가 모여 집회를 가졌다든가 다른 활동을 했음을 말해주는 언론 보도를 전혀 볼 수 없다. 대통령과 국회의원에까지 건의하며 창가학회 금지에 적극적이던 이 단체의 활동은 언론의 관심을 받는 데 실패했고, 그 이후의 활동 대해서도 남아 있는 자료가 보이지 않는다.

'한국적 창가학회'를 만들자는 움직임

이 시기 내무부에서 문교부로 보낸 문서 중에는 '한국적 창가학회' 창립 움직임에 대한 동향을 보고한 것도 있다. 주요 내용은 '한국적 창가학회' 창립 움직임을 주도하는 두 그룹에 관한 것이다. '한국적 창가학회'는 박정희의 '한국적 민주주의'라는 단어를 연상시킨다. 민주주의 국가를 만들되 한국적 상황에 맞는 민주주의를 하자는 박정희의 선언은 그 당시 사람들에게 신선한 이미지를 주는 것이었다. 그런 점에서 '한국적 창가학회'는 일본의 종교를 한국

상황에 맞게 고쳐서 쓰자는 것처럼 보인다. 두 그룹은 일본의 창가학회를 우리나라에 맞게 고쳐 '한국적 창가학회'를 창립하자는 데 의견을 모으고 구체적인 협의를 시작했다는 것이다.

한 그룹은 대구 지역의 대학인 청구대학 교수 송명근이 중심이 되어 사회 대중당 당원인 박기호와 경북대학교 철학과 학생 일부가 참여하는 그룹이다. 송명근은 일본침략정신 분쇄투쟁회 임원이라고 소개되어 있다. 앞에서 설명한 일본침략정신 분쇄투쟁회는 창가학회를 분쇄하여야 한다고 주장했었다. 그런데 그 단체의 임원이 중심이 되어 '한국적 창가학회'를 만들자는 주장을 새롭게 하고 있다.

두 번째의 그룹은, 전직 경찰 김중환과 창가학회 대구지구 제6지구 책임자 임창근 등의 인물이 중심이었다. 김중환은 창가학회 회원으로 소개되어 있는데, 그도 송명근 그룹의 주장처럼 '한국적 창가학회'를 만들자는 데 동의한 것이다.

그런데 이 두 그룹 사이에 문제가 생겼다. 그 중 가장 문제가 되는 것은 송명근이 창가학회의 종조인 니치렌日蓮을 신라의 승려인 원효元曉대사로 바꾸자는 안으로 내놓았지만 기존 창가학회 회원들은 그의 의견에 반대하고 있고, 서로 의견이 달라 논의가 진전되지 않고 있다[54]며, 내무부가 문교부에 창가학회 동향을 보고하였다.

---

54) 「창가학회 동향에 관한 부민언동」(1964. 2. 24), 『기타 불교단체(창가학회)』 국가기록원 소장 문서 관리번호 BA0103891.

조직의 와해와 회원의 균열

4월이 되자, 대구지역 창가학회 회원들 중에 일부가 창가학회를 탈퇴하면서 대구지역의 일간 신문인 대구일보와 매일신문 광고란에 성명서를 발표하였다. 내무부는 탈퇴한 회원들의 성명서를 첨부해 '창가학회 동향'이라는 제목으로 문교부 장관에게 보고한다.[55]

창가학회 조직 내부에서도 와해의 움직임이 나타났다. 1964년 4월 23일 내무부가 문교부장관에게 보낸 '창가학회 동향'이라는 문건[56]에서는 창가학회 대구지역 대표였던 최규원과 그의 사업에 관한 이야기가 나온다. 대구지역 창가학회 회원 중에는 회원이 되기 전부터 이미 최규원과 홀치기 사업을 함께 하던 사람들이 있었다. 홀치기란 천연염색 방법의 일종으로 천을 군데군데 실로 묶거나 감아서 염색하는 방법을 가리킨다. 감은 실을 풀면 묶은 모양의 무늬가 나타나게 되는데, 당시 한국사회에서 크게 유행하던 염색법이었다. 최규원은 자신이 운영하던 수예사를 중심으로 대구 지역의 여러 수예사로부터 일거리를 받아와 홀치기 일을 하는 사람들에게 넘겨주었다. 또한 염색 천을 가져오면 이를 다시 수예사에 나

---

55) 「창가학회 동향」 (1964. 4. 16.), 『기타 불교단체(창가학회)』 국가기록원 소장 문서 관리번호 BA0103891.

56) 「창가학회 동향」(1964.4.23.), 『기타 불교단체(창가학회)』 국가기록원 소장 문서 관리번호 BA0103891.

누어 주는 동시에 수예사들로부터 돈을 받아 홀치기 일을 한 사람들에게 보냈다.

최규원은 이 일을 하면서 알게 된 사람들과 친분을 맺게 되었고 서로 사이가 좋아지자 창가학회를 권유하였다. 최규원의 권유에 창가학회 회원으로 참여하고 함께 조직을 꾸려가던 중에 창가학회 포교를 금지하는 정부의 조치가 발표되었다. 회원들에게 경찰이 자꾸만 찾아오고, 때로는 탈퇴하도록 권유하기도 하는 상황이 벌어졌다. 그러자 회원으로 가입한 사업동료들이 창가학회 탈퇴를 생각하면서 최규원에게 미수금을 달라고 요구하는 사태가 벌어졌다. 대구 시내 홀치기 반장인 권태경 외 5명은 최규원과의 사업 이탈을 선언하면서 최규원에게 45,336원을 반환해 줄 것을 요구한 것이다. 그들은 남대구 경찰서장 앞으로 최규원에게 사기당했다고 탄원하였고, 창가학회의 본존불 및 염주, 근행요전 책자를 제출하며 자신들이 창가학회와도 결별하였음을 강조하였다.

경찰은 창가학회에 대한 첩보를 매일같이 문교부에 알려주었다. 창가학회 회원의 집결지의 하나였던 서울 가황사에 대한 사찰보고서, 대구지역 책임자 최규원의 동향, 부산 책임자로 알려진 서영래에 관한 첩보 등이 그랬다.[57] 첩보들 중에는 창가학회의 활동을 사찰하는 정도가 아니라, 직접 개입해서 창가학회를 와해시키기 위

57) 서울시교육위원회, 「가황사 실태조사 보고」(1964. 1. 14.), (1964. 1. 17); 부산시교육위원회, 「창가학회 포교에 관한 일」, 『기타 불교단체(창가학회)』 국가기록원 소장 문서 관리번호 BA0103891, 121-145쪽.

한 공작을 한 경우도 있었다.

공작정치란 정권의 권력기반인 검찰, 경찰, 정보부 등의 정보와 사정기관의 힘을 바탕으로 정치에 필요한 형태로 사건을 만들고 부풀리는 행위이다. 이때도 그런 공작정치가 진행되었고 창가학회는 위기에 봉착했다.

제6장 포교 금지에서 재판으로

앞 장에서는 한국 정부가 창가학회의 포교를 금지하는 조치를 내리고, 한국 내의 창가학회를 와해시키려 했음을 확인하였다. 그렇다면 한국의 창가학회 회원들은 이런 갑작스러운 사태를 어떻게 받아들였을까. 이 장에서는 창가학회가 정부의 포교 금지 조치를 어떻게 받아들이고 대응했는지, 그에 따른 사람들의 반응은 어떠했는지를 살펴보려 한다.

창가학회 해명서

각 일간지의 창가학회 보도와 문교부의 종교심의회 소식을 듣고 가장 발 빠르게 움직인 것은 서울에서 '희망 결혼상담소'를 운영하던 창가학회 회원 이정순이었다. 그녀는 일본에 사는 동생 이순자와 공동 명의로 「창가학회에 대한 해명서」를 작성하여 1월 17일, 종교심의회가 열리는 문교부를 방문한다. 이때 해명서 외에 창가학회에 관한 책자(영문판과 일본판 각각 1권), 세이쿄구라부聖教グラブ 2권, 세이쿄신문 등을 참고자료로 제출했다. 이정순은 신문보도의 내용이 왜곡되었음을 주장하면서 해명서에 다음과 같은 요지의 내용을 적는다.

첫째, 문교부가 창가학회를 사교 취급하는 것은 부당하다. 창가학회가 천황에 대한 동방요배를 한다는 것은 사실 무근이다. 오히려 일련정종 창가학회는 일본의 군국주의와 싸워왔다.

둘째, '가미다나'를 모신다거나 '일본 노래'를 부른다는 것은 날조된 것이다. 가미다나는 신도의 것이고, 창가학회의 것은 불단이다. 외국에서도 창가학회의 불단을 불단이라고 부르고 있다. 또한 일본 노래를 불러본 적이 없는데 창가학회 회원들이 일본 노래를 부른다고 한 신문의 기사는 날조된 것이다.

셋째, 일본 창가학회의 자금 투입과 정치단체라는 말도 터무니없는 말이다. 창가학회는 헌금, 회비를 내라거나, 부적을 사라고 영업행위를 하지 않는 깨끗한 신도 단체다. 그리고 일본에서는 어느 종교단체이든 선거에 나갈 수 있다. 선거에서 창가학회 회원이 당선된 것을 가지고 정치단체 운운하는 것은 상식에 어긋난다.

넷째, 자신이 신앙하여 공덕을 느끼고 나면 이를 다른 사람에게 전하고 부처님의 위대함을 설명하고 있을 뿐이다. 이를 절복이라 하는데 이 외의 어떠한 방법도 취하지 않는다. 또한 종교단체 조직으로 등록하는 것은 준비 중에 있다.

이 날, 이정순은 종교심의회가 열린 문교부 회의실에 참고인 자격으로 앉아 있었지만 회의에 참석한 위원들 누구도 그녀에게 창가학회에 관해 물어보지 않는다. 종교심의회의 위원들은 자기 의견을 한 두 차례씩 말하였지만 이정순은 발언할 기회를 전혀 얻지 못했다. 회의는 창가학회의 의견을 무시한 채 끝나 버렸다. 이정순이 작성해 간 해명서만 회의 서류로 남았다.[58]

---

58) 창가학회에 대한 해명서(이정순, 이순자), 『기타 불교단체(창가학회)』 국가기록원 소장 문서 관리번호 BA0103891 , 218-226쪽.

두 번째로 확인되는 창가학회의 대응은 대구 지역 책임자 최규원의 해명서다. 이 해명서는 혼자 작성한 것이 아니라 여러 사람이 의논한 결과를 토대로 작성한 것이었다. 최규원은 1월 22일, 내무부 장관에게 우편으로 해명서를 제출하였다. 이 해명서를 접수한 내무부는 1월 31일, 내무부 장관 이름으로 대구 지역 대표 최규원에게 회시문을 보냈다. 내무부의 답장은 '창가학회는 황국적 색채가 농후하고 반국가적, 반민족적인 단체로 판정, 이에 대한 포교 행위를 금지키로 국무회의에서 의결되었으므로 정부 시책에 협조 바란다'는 것이었다. 문교부 장관의 담화문에 있는 문장을 그대로 쓰면서 정부시책에 협조하라는 내용이다. 이 공문을 받아본 대구지역 창가학회 회원들은 다시 대책을 의논하였다. 그리고 최규원 대표가 2월 8일자로 또다시 해명서를 작성하여 우편으로 내무부 장관에게 발송하였다. 여기서 최규원은 자신을 임시 대표라고 하였고, 창가학회 회원들은 법을 어긴 것도 없고, 신문 보도에 나오는 창가학회에 대한 표현들도 잘못된 것이고, 모두 오해에서 비롯된 것이라고 주장하였다.[59]

창가학회 서울 지역 회원인 이정순과 대구지역 회원을 대표한 최규원의 해명서는 모두 언론보도가 자신들의 종교 활동을 왜곡하고 과장한 것이며, 실상은 다르다고 주장하는 것이었다. 그러나 이에 대한 정부의 반응은 차가웠다. 정부 당국자들은 창가학회 회원들이 해명하려고 하는 내용은 듣지 않고 정부 시책에 협력하라

---

59) 해명서(최규원), 문교부장관 각하(최규원)(1964.2.8.), 本学会 대구지구대표 최규원이 제출한 해명서(1964. 2.14.), 『기타 불교단체(창가학회)』 국가기록원 소장 문서 관리번호 BA0103891 , 237-246쪽.

는 말만 반복했다. 그것은 어쩌면 당연한 것이었는지도 모른다. 왜냐하면 정부가 창가학회를 대표적인 왜색종교로 규정하고 포교 금지명령을 내린 것은 실제로 창가학회가 나쁘기 때문에 근절하자는 것이 아니었다. 정부는 창가학회를 사교로 규정하고 선전함으로써, 국민들이 일본에 대해 갖는 반감을 창가학회에 투사하기를 바랐다. 그것은 언론의 도움을 받아 성공적으로 진행되고 있었다. 내무부가 창가학회를 왜색종교로 규정하고 포교 금지명령을 내리자, 국민들의 반일 감정은 창가학회를 비판하는 언론의 도움을 받아 더욱 확산되었다.

행정심판 청구

내무부는 1964년 1월 31일에 창가학회에 회시문回示文을 보냈다. 국무회의에서 창가학회의 포교 행위를 금지하기로 의결했으므로 창가학회는 이 시책에 따라 더 이상의 포교를 하지 말라고 하였다. 그러자 창가학회는 최규원이 임시대표가 되어 1964년 3월 3일에 행정심판 소원訴願을 냈다. 내무부의 포교 금지 조치가 종교의 자유를 침해하는 것이니 취소해 달라는 것이었다.[60]

---

60) 소원장 각하(1964. 3. 6.), 『기타 불교단체(창가학회)』 국가기록원 소장 문서 관리번호 BA0103891 , 66-68쪽.

지금도 그렇지만 민원인이 행정심판을 신청하면, 해당 관청에서는 행정심판위원회를 구성하여 소원 내용을 검토하고, 심판 결과를 소원장을 제출한 사람에게 알려주어야 한다. 그런 의미에서 행정심판 소원에 대한 내무부의 회신은 무척 신속했다. 내무부 장관은 일주일 만인 1964년 3월 10일에 최규원에게 두 번째의 회시문을 보낸다.[61]

내무부는 이 회시문에서 대한민국 정부가 창가학회를 반국가적 반민족적 단체라고 규정하기는 했지만, 포교활동 금지를 명령하는 행정처분을 한 적은 없으며, 그렇기 때문에 창가학회 대표인 최규원의 요청 자체를 받아들일 수 없다고 하였다.

앞서 보았듯이, 문교부 장관은 담화를 발표하고 나서, 재무부, 체신부 등 각 정부 부처에 알려서 창가학회의 외환 거래를 감시하고, 일본으로부터 들어오는 모든 서적, 신문 등의 간행물의 반입을 금지하였다. 그리고 창가학회의 집회가 있을 때마다 경찰과 문교부 및 교육위원회 직원들이 감시하고, 관찰 기록을 상부에 보고하였다. 나아가 경찰 공작으로 대구 지역 창가학회 회원들 중에서 일부가 떨어져 나와 '한국적 창가학회'를 창립하려 하는 등 분열이 일어났다. 그런데도 내무부가 보낸 답변에는 창가학회의 활동을 금지하는 행정처분을 한 적이 없다는 것이었다. 최규원이 제출한 소원장은 각하된다. 아래는 창가학회의 행정심판 소원에 대해 내무부가 최규원에게 보낸 회시문이다.

---

61) 윗글 같은 곳.

내 무 부

내기획 125-2743

1964. 3. 9.

수신: 대구시 중구 동성로 3가 68 최규원

제목: 소원장 각하

귀하가 1964년 3월 3일자로 본관에게 제기한 소원에 대하여 다음과 같은 이유로 이를 각하합니다.

다 음

귀하가 1964년 3월 3일자로 본관에게 제기한 소원에 대하여 다음과 같은 이유로 이를 각하한다.

(이유)

소원인 최규원은 동인이 1964년 1월 22일자로 본관에게 제출한 해명서에 대한 본관의 회신문을 위법한 행정처분이라 하여 취소를 청구하여 왔는 바,

전기 해명서는 그간 일부 신문이 창가학회를 비방하는 내용의 기사를 기재한 데 대하여 해명하였을 뿐, 본관이 행한 특정의 행정처분에 대한 것이거나 또는 본관에게 특정한 행정처분을 요구한 것이 아니었으며, 본관의 회시문에는 단지 전기 해명서에 대하여 기히 정부 방침으로 창가학회가 반국가적 반민족적 단체라고 규정한 바 있음을 기술하였을 뿐 소원인에게 특정한 작위나 부작위를 명령하는 것이 아니었으므로 행정처분이 아니다.

살피건대 소원은 소원법 제1조의 규정이 정하는 바에 따라 위법 또는 부당한 행정처분에 대해서만이 제기할 수 있는 것이므로 소원 사항이 아닌 본 소원에 대하여는 이를 각하한다.

내무부 장관 엄 민 영

서류 뒤에 숨은 인물

국가기록원이 소장한 서류철에는 당시 내무부 소원위원회 소집 관련 서류가 남아 있다. 내무부에서 작성했던 문서인데, 문교부 종교담당자 서류철에 남아 있었다. 내무부에서 창가학회에 관한 결과를 알려주느라 문교부에 보냈던 것이다. [62]

공식적으로는 3월 6일 아침 9시에 내무부 회의실에서 최규원이 보내온 소원을 다룰 행정심판 회의를 열기로 예정되어 있었다. 하지만 이것은 형식요건을 갖추는 데 지나지 않았다. 회의는 서면회의로 대신할 예정이었고 안건에 대해 찬성 여부를 표시하는 것으로 바뀌었다. 내무부의 관계자들이 모여서 소원장을 검토하고, 토론하여 결론을 내고, 회의록도 남긴 다음, 민원인에게 회시하는 것이 정상적인 절차일 것이다. 하지만 그렇게 하지 않았다. 모일 필요 없이 서류에 찬반 표시만 해서 보내주면 담당관이 이를 토대로 내무부 장관 명의의 회시문을 만들어 민원인에게 보내주는 것으로 일을 마치겠다는 것이었다.

그럼 당시 담당관은 누구였을까. 담당관은 두 명이었다. 한 명은 간사를 맡은 장형배 법무관으로 법적 판단을 맡았다. 또 다른 한 명은 구자춘 치안국 정보과장이었다.

구자춘은 창가학회의 포교를 금지하도록 정책을 구상하고 기획

---

62) 「내무부 임시소원 위원회 소집」(1964.3.6.), 『기타 불교단체(창가학회)』 국가
기록원 소장 문서 관리번호 BA0103891 , 69쪽.

한 정보과의 책임자였다. 포교금지 정책을 구상하고 기획한 사람이 창가학회가 제기한 소원을 다루는 행정심판 위원회의 실무책임자가 된 것이다. 그러므로 창가학회가 제기한 문제를 종교심의 위원회 위원들과 충분히 논의하거나 창가학회를 구제해 줄 조치를 취해 줄 가능성은 전혀 없었다. 그는 일부러 모여서 회의를 할 필요가 없으니 서면으로 대치하도록 지시했고, 정보과에서 답변서를 작성해 내무부 장관의 이름으로 회신하도록 했다.

구자춘은 1961년 육군 중령으로 5·16 쿠데타 당시 포병대대를 이끌고 제일 먼저 미아리 고개를 넘어 서울에 들어왔고, 육군본부를 점령하는 데 기여하여 혁명 주체세력으로 인정받은 인물이다. [63] 박정희 소장을 중심으로 한 쿠데타 세력은 '군사혁명위원회'를 설치했다가 '국가재건최고회의'로 이름을 바꾸어 군정통치에 착수했다.

군사정부는 먼저 전국 시도지사와 주요 시장을 모두 현역 장교로 임명한 데 이어서, 치안국 간부와 전국 각 시도 경찰국장과 정보과장도 현역 장교로 임명했다. [64] 군인들이 행정과 치안의 핵심 부서를 장악한 것이다. 핵심 인물 중 한 명인 구자춘은 충남 경찰국장에 임명되었다가, 1962년 전남 경찰국장으로 이동했고, 1963년 1월에 치안국 정보과장으로 부임했다. [65] 그는 창가학회 사태를 처음부터 끝까지 지휘했으며, 1964년 7월 서울시경 국장으로 승진한다. [66]

---

63) 동아일보 1962.05.15. 1면

64) 조선일보 1961.07.26. 조간 1면

65) 동아일보 1963.01.14. 1면

66) 구자춘은 그 뒤 제3공화국 내내 서울시 경찰국장, 경찰전문학교 교장, 제주도 지사, 수산청장, 경상북도지사, 서울시장을 차례로 맡았다.

전언통신문

창가학회의 행정심판이 각하되자, 창가학회 회원들은 행정심판의 다음 단계로 고등법원에 행정 소송을 제기하였다. 창가학회는 이용만 변호사를 선임하여 준비한 끝에 한 달 뒤인 1964년 4월 10일에, 고등법원에 소장을 제출하였다. 내무부의 창가학회 포교 금지 행정처분을 취소해 달라는 소송이었다.

이용만 변호사는 그동안 최규원의 이름으로 내무부에 제출했던 두 차례의 해명서와 소원장의 내용을 토대로 법률적인 해석을 덧붙여 정리하였다. 소장에서 그는 내무부가 회시문에서 '창가학회를 반국가적 반민족적 단체로 규정하였을 뿐이지 행정처분을 한 적이 없다는 애매한 말로 답변한 것은 일종의 회피론에 불과하다'고 반박하였다. 그리고 '포교를 위한 집회, 통신, 연락, 간행물의 반입, 배포, 취득, 열람 등의 구체적인 행위가 국시에 위배되는 행위이니 하지 말라는 취지가 명백하고, 경찰에서는 일련정종의 신자가 신앙의 대상으로 하는 본존을 압수하고, 또 일련정종을 신봉하는 공무원에게는 사직을 강요하는 등 행정처분을 실제로 집행하는 사례가 많다'고 밝혔다. 이러한 '행정처분은 헌법에 보장된 신앙의 자유, 종교 행위의 자유, 종교 결사의 자유, 통신의 자유를 무시하고 억압하는 것'이라고 주장하였다.

그리고 행정처분의 근거로 들고 있는 창가학회를 반국가적, 반민족적 단체라고 보는 이유도 부당한 것임을 다음 몇 가지 이유를 들어 반박하였다. 즉, 일본 창가학회는 순수한 종교단체이지 정치단체가 아니라는 점, 일련정종이 일본에서 들어온 종교라는 이유로 반국가적이고 반민족적이라 한다면, 현재 국내의 기성 종교도 대부분 외래 종교라는 점을 들면서 종교의 가치판단을 정부가 정치적 척도에서 자행하는 것은 정교분리의 헌법 원칙에도 배치되는 처사라고 주장하였다. 나아가 정부가 창가학회에 내린 포교금지라는 행정처분은 헌법에 보장된 신앙의 자유, 종교 행위의 자유, 종교 결사의 자유, 통신의 자유를 무시하고 억압하는 것이라고 주장하였다.[67]

내무부 장관을 피고로 하는 정식 재판이 청구되자, 내무부는 서울고등법원으로부터 접수한 〈변론 기일 소환장과 답변서 최고장〉 사본을 문교부에 보내고, 5월 5일로 지정되어 있는 변론 기일을 뒤로 연기한 다음, 문교부 종교담당 관리와 협의하면서 대처 방안을 만들기 시작했다.[68]

대처방안 협의 과정에서 문교부가 남겨 놓은 서류 중에는 일반인들에게 공개되기 어려운 내부 문건도 있었다. 그 중 하나가 〈창가학회의 행정 소송에 대한 전망〉이라는 제목의 전언통신문이다.

전언통신문이란 상부까지 결재를 밟는 정식 문건이 아니라 담당자들 사이에 전화로 내용을 전달하는 방식의 서류다. 서울시경 정

---

67) 「소장(원고 창가학회대표 최규원/변호사 이용만, 피고 내무부 장관 엄민영)」, 『기타 불교단체(창가학회)』 국가기록원 소장 문서 관리번호 BA0103891 , 60-65쪽.

68) 「변론기일 소환장과 답변서 최고장」, 『기타 불교단체(창가학회)』 국가기록원 소장 문서 관리번호 BA0103891 , 58-59쪽.

보과 문화계는 종교 사찰을 담당하는 부서로 창가학회 행정소송을 담당하게 되자, 문교부 사회교육과와 대책을 협의하는 중이었다. 정보과 문화계 담당 경찰이 창가학회 측 소송 대리인인 이용만 변호사를 만나 나눈 이야기를 문교부 담당관에게 알려온 것이 전언통신문이다. 담당경찰은 이용만 변호사를 만나서 정부에 불리한 결과를 가져오게 하는 변론 행위는 알아서 하지 말라고 했다. 덧붙여서 국가관 민족관을 고려해서 조심해서 변호하라고 한다.

치안국 정보과 소속 경찰관이 소송을 담당하는 변호사를 찾아가서 '정부에 불리하게 변호하면 안 된다', '창가학회가 어떤 단체인지 잘 생각해서 알아서 처신하라'고 말하는 것은 요즘 같으면 상상하기 어려운 행위이지만, 당시에는 이런 종류의 발언이 자주 벌어졌던 시대였음을 새삼 생각해보게 된다. 아래는 서울시경 문화계 서 경사가 사회교육과 주무관에게 보낸 전언통신문 전문이다.

題目 : 「창가학회의 行政訴訟에 대한 展望」

1964. 5. 4. 11:00

1. 서울시경 정보과 문화계에서 제보(電信)된 창가학회 행정소송 진행에 대한 첩보임.
2. 서울시경은 내무부 지시에 따라 창가학회 대표의 대내무부장관 행정소송 사건에 관하여 본 건 원고 측 소송 대리인 이용만 변호사와 접촉하여 다음 사항의 합의를 보았다고 함.
   가. 창가학회는 교리와 포교 실태에 비추어 반국가적 반민족적 종교임으로 이를 받아드릴 수 없다는 정부 방침이 결정되어 있음으로 본 건 사건 담당에 신중을 기하여야 한다.
   나. 따라서 정부에 불리한 결과를 가져오게 하는 변론 행위는 자중하여야 할 것이며,
   다. 문제의 중요성에 비추어 정부방침과 창가학회의 교리, 포교 등의 실정을 충분히 검토, 인식해야 할 것이고,
   라. 변호사라는 직업에만 치우치지 말고 국가관 민족관의 큰 시야에서 다루어져야 할 것이다.
3. 사건 담당 변호인은 전기 각호의 협의에 따라 5월 5일의 변론 공판은 향후 2~3주 연장 후 재판에 응한다.

發信 서울 시경 문화계 **徐警査**
受信 사회교육과 주무관 **李元植**[69]

　7월 20일, 서울고등법원에서 재판이 시작되었다. 그런데 막상 재판에 들어가니 창가학회 측에 유리하게 재판이 진행되었다. 이 때문에 당황한 내무부 담당관이 문교부에 다시 협조를 요청하는 전언통신문을 보낸다.

---

69) 「창가학회의 행정 소송에 대한 전망 (전언통신문)」, 『기타 불교단체(창가학회)』 국가기록원 소장 문서 관리번호 BA0103891 , 57쪽.

수신: 문교부 문예체육국장

제목: 창가학회의 행정소송 동향과 앞으로의 대책 협조 (電言通信)

1. 창가학회 대구지구 대표자를 자임하는 崔圭垣은 정부가 결정한 포교금지 방침에 대하여 64. 4. 11자 내무부장관을 상대로 행정소송을 제기하고, 李容滿 법정대리 변호사로 하여금 본건 소송을 수행하고 있는 바,

2. 64. 7. 20. 제1회 공판이 서울 고등법원에서 심리된 바 있는데, 이 공판의 심리과정을 살피면, 結審에서 정부 측이 패소할 기세가 엿보이는 바, 이에 대한 내무, 문교 兩部人 사이에 협조와 대책이 절실하게 요청되며, 제2회 공판은 오는 8. 18.(화)로 지정되어 있음.

3. 내무부로서는 본 건 창가학회의 금지조치를 직접 내린 바 없고, 문교부에서 내린 정부 방침에 협조하였음에도 불구하고, 被訴를 당하고 있어, 그 답변이 딱한 실정이고, 문교부를 대변하기는 어색함으로, 禁敎 조치에 대한 종교심의회의 자문이라든가, 禁敎 방침의 결정, 국무회의 보고 등 사실 입증을 오는 제2회 공판 시 증인으로서 증언하여 주실 것을 요청합니다.

布敎禁止를 내린 文敎部 측에서 증인으로서 협조하여 달라는 것입니다.
如何히 回報하오리까. [70]

　　담당자는 재판이 예상과는 다르게 내무부에 불리하게 진행되는데 대해 불안감을 느끼고 있으며, 다음 공판이 열리는 8월 18일에

---

70) 증인선정 의뢰(답신)(1964.8.27.), 『기타 불교단체(창가학회)』 국가기록원 소장 문서 관리번호 BA0103891 , 49-54쪽.

는 문교부측이 증인으로 나와 적극적으로 발언해 주기를 요청하고 있다. 특히 주목할 것은 치안국 정보과의 태도이다.

애초에 창가학회를 비판하고 금지 조치를 하는 방안을 만들어 문교부에 보낸 것은 치안국 정보과였고, 문교부 장관의 담화문과 기타 행정 조치는 정보과에서 제안한 방안을 실행에 옮긴 것이다. 그런데 협조 요청을 보면, 치안국 담당자는 문교부가 하는 일에 자신들은 협조를 했을 뿐이라고 발을 빼는 소리를 하고 있었다. 이는 고등법원에 정식 재판이 청구되고, 재판이 경찰에게 불리하게 전개되리라고는 예상하지 못했고 당황하고 있음을 보여준 것이라 하겠다.

이때 언론은 고등법원에서의 재판에 대해서는 전혀 보도하지 않았다. 그러다가 1964년 연말부터 관련 보도가 나오기 시작하였다. 조선일보는 12월 19일자로 '사이비 종교, 국시 위반, 목을 눌렀던 창가학회, 법정으로 반격'이라는 제목을 달고 기사를 내보낸다. 그러면서 '우리나라 최초의 종교 재판으로 등장했다'고 보도하였다.

〈그림 6-1〉 창가학회 고등법원 재판 기사

출처: 『조선일보』 1964년 12월 19일.

한편 같은 날 동아일보는 '창가학회는 정치단체다'라는 사설을 싣는다. 진행 중인 창가학회에 대한 재판의 핵심내용과 함께 내무부의 입장에서 창가학회의 논리를 비판하고 있다. 이것은 조선일보와는 다르게 내무부의 입장을 옹호하면서 재판부를 압박하고 있다.

창가학회 승소

1965년 3월 3일, 고등법원은 창가학회 포교활동을 금지한 당국의 행정 처분은 합법화 될 수 없다며 창가학회 측의 승소를 판결하였다. 동아일보와 조선일보가 이 소식을 기사로 냈다.

> 서울고법특별부는 지난 64년 1월 31일 내무부장관이 내린 創價學會의 포교를 위한 집회 및 통신 연락, 간행물 반입, 배부, 취득 등을 금지하는 행정처분은 부당한 처사라는 판결을 내렸다.
>
> 서울고법특별부(재판장 이명섭 부장판사)는 3일 상호 창가학회 대구지부 대표 최규원씨가 내무부장관을 상대로 낸 「행정처분 취소 청구 소송사건」에 대해 "피고인 내무부장관의 처분은 법령의 근거가 없고 소관 사무도 아닌 처분이므로 무효이며, 비록 종교심의회나 국무회의의 의결이 있었다 해도, 그것만으로는 이 처분이 합법화될 수 없다."고 판시. 원고인 창가학회의 승소 판결을 내렸다.[71]

고등법원의 승소 판결에 대해 조선일보는 '단속에 이기고 공판에는 진', '포교 위한 집회 금지', '반국가적–반민족적이라고 비난받던 창가학회에 승소판결'이라는 제목을 달아 기사를 내 보냈다.[72]

---

71) 동아일보 1965년 3월 3일 3면.
72) 조선일보 1965년 3월 4일 7면.

출처: 조선일보 1965년 3월 4일 7면.

하지만 다른 신문들은 창가학회가 정부를 상대로 낸 소송에서 승소했다고 보도하면서도 창가학회가 정치단체일지도 모른다든가, 황국적 색채가 농후하다든가 하면서 여전히 우려하는 논평을 내고 있었다. 반일의 대상으로 지목된 창가학회는 고등법원에서의 승소판결에도 불구하고 극복하기 어려운 곤경에 빠졌다.

내무부의 상고와 대법원 판결

〈그림 6-3〉 한일회담 반대투쟁과 창가학회 재판 대법원 상고

출처: 조선일보 1965년 3월 21일 7면.

3월 20일 오후, 서울운동장에서는 대일 굴욕회교 반대투쟁위원회의 강연이 끝나자 민정·민주 양 당원들이 그 자리에서 일장기 화형식을 한다. 청년당원들은 「×」표로 먹칠한 일장기를 내다가 3만여 청중들이 보는 앞에서 불태웠다. 그 날 내무부는 창가학회 포교를 허용한 고등법원 판결에 불복하면서, 창가학회의 교리가 국시에 위반되어 그 활동이 정치적 양상을 띠고 있기 때문에 헌법이 보장하는 '신앙의 자유'의 범주를 훨씬 넘어서는 것이라고 지적하면서, 창가학회의 활동은 불법이라고 주장하였다. 내무부의 주장은 창가학회가 정치단체라는 것이었고, 정치단체이므로 헌법이 보장하는 신앙의 자유를 누릴 수 없다는 것이었다.

내무부는 법원으로 하여금 창가학회 단속의 근거를 다시 설정하도록 대법원에 상고를 하였다. 그리고 1년 반이 지난 1966년 10월 25일에 대법원 판결이 내려졌다. 대법원 특별부는 창가학회 대구지구 대표 최규원이 내무부장관을 상대로 제기한 〈행정처분 취소 청구소송〉의 원심인 고등법원 판결을 파기하였고, 소訴를 각하却下하였다. 대법원은 '내무부 통보는 단속 방침을 천명한 것뿐이므로 행정소송의 대상이 되지 않는다'라고 판결하였다.[73]

이것은 내무부 치안국 정보과가 갖고 있던 기본 입장이었다. 정부는 창가학회에 대해서 행정처분을 한 적이 없다고 말하는 한편으로 창가학회에 대해서 각종 제한 조치를 취했다. 공무원, 군인

---

73) 경향신문 1966년 10월 25일 3면.

중에서 창가학회 회원이 있는지를 조사하고 감시하면서 창가학회의 탈퇴를 회유했고, 창가학회의 모임이 있으면 경찰을 보내 동향을 감시하는 일을 계속하였다. 그러나 대법원은 경찰의 행동을 문제 삼지 않았고 창가학회의 승소도 인정하지 않았다. 이 대법원 판결은 시대의 분위기를 감지한 판사가 정부의 손을 슬쩍 들어준 것이라고 보아도 좋을 것이다.

대법원 판결은 정부의 현실적으로 이루어지고 있는 행정조치를 용인하는 것이었다. 동시에 종교의 자유는 여전히 인정한다는 점에서 정부가 승리한 것도 아니고, 그렇다고 창가학회가 패한 것도 아니었다. 다만 문제를 해결하려 하지 않고 원점에 다시 가져다 놓고 '법원에서는 재판할 수 없는 문제이니 자꾸 갖고 오지 마시오' 하는 정도의 판결을 내린 것이다.

대법원판결에 대한 언론의 보도

대법원의 판결이 나오자, 각 신문은 이번에는 정부가 이겼다고 강조하면서 창가학회가 더 이상 포교를 할 수 없게 확정하는 판결이라고 보도했다. [74]

---

74) 경향신문 1966년 10월 26일 3면.

〈그림 6-4〉 창가학회 판결 결과 기사

출처: 경향신문 1966년 10월 26일 3면.

동아일보는 '창가학회 패소, 대법서 소 각하'라고 했고, 서울신문은 기사 제목을 '창가학회, 상고서 패소'라고 뽑았다.[75]

판결 직후 김득황 내무부 차관은 창가학회에 대한 포교 금지조치는 행정행위이기 때문에 창가학회의 포교활동을 계속 단속할 것이라고 밝혔다. 판결을 무시한 발언이었다. 그리고는 전국 경찰에게 창가학회에 대한 전반적인 동태 조사와 함께 창가학회의 포교를 위한 집회나 통신 연락, 간행물(일본 서적)의 반입 배포, 취득을 세밀히 조사하라고 지시를 내렸다. 그러자 신임 안명수 치안국 정보과장은 포교 활동 단속을 계속 강력히 할 것이라고 밝혔다. 그러면서 창가학회의 세력이 현재 약화되고 거의 포교 활동이 마비되어 있다고 덧붙였다.

한편, 법원 판결을 지켜보면서 문교부는 다른 방안을 모색하고 있었다. 그것은 사회단체 등록법을 개정하여 종교단체들도 문교부에 사회단체로 등록하도록 만드는 방안이었다. 1966년 10월 27일 문홍주 문교부장관은 기자회견 자리에서 '창가학회는 현행법상 사교 내지 유사종교로 단정하기는 어려우며, 다만 사회단체 등록법의 등록 대상이 되도록 법 개정을 추진 중'이라고 말했다.[76]

---

75) 서울신문 1966년 10월 27일 , 동아일보 1966년 10월 27일.
76) 중앙일보 1966년 10월 27일

한일협정 반대운동

1965년 2월 15일, 한일 양국은 한일기본조약에 합의했다. 그리고 4월 3일 '어업', '청구권', '재일한인의 법적 지위' 등 3개 현안을 일괄 타결하고 각각 협정에 서명했다. 그러자 야당과 학생들은 다시 4월 13일부터 대규모 가두시위를 전개했다.

1965년 6월, 한일협정 정식 조인이 가까워지자 시위는 다시 격화되었다. 특히 단식농성은 한일협정 조인을 막는 최후의 수단으로 각 대학에 파급되었다. 조인일인 6월 22일에는 서울·인천·부산·대구 등에서 시위가 전개되었다. 협정 체결 이후의 한일협정비준 반대운동에는 학생과 야당 외에도 대학교수, 개신교 목사, 예비역 장성, 법조인, 여성계 인사들이 참여했다.

한일협정 조인 이후에도 학생들의 시위는 계속되었다. 굴욕적인 한일협정을 반대하며 거리로 쏟아져 나왔던 학생들의 데모는 한일협정 정식 조인을 전후하여 절정에 이르지만 여름방학을 맞으면서 학교를 떠나게 된 학생들은 고향으로 흩어졌다. 한일협정의 국회 비준을 눈앞에 둔 막바지에서 귀향 학생들의 모습은 크게 세 갈래로 나눌 수 있다.

그 첫째가 한일협정 비준 반대 서명운동을 하는 학생들이다. 그 가운데서도 가장 두드러지게 눈에 띠는 것이 이화여대 총학생회가 전국적으로 벌이고 있는 서명 운동이었다. 전남 광주에서는 이화여대 학생들이 가두서명으로 6천여 명의 서명을 받는 등 시민들의 많은 호응을 받았다.

그러나 한일협정 비준 반대서명은 당국의 감시와 음성적 방해 공작으로 많은 제약을 받았고, 특히 학생들이 고향에 가서 전개하는 이러한 움직임은 부모들의 성화에 못 견디어 중단하는 예도 많았다. 도시를 떠나 시골로 갈수록 사람들은 서명을 하였다가 자기 신상에 어떠한 영향이 미칠까 두려워 선뜻 서명해 주지 않아 사실상 큰 효과를 거두기 어려웠다.

둘째가 일본상품 불매 서명운동이다. 방학 초기 한일협정 비준 반대운동은 점차 그 양상을 바꾸어 일본상품 배격운동으로 바뀌어 갔다. 이 역시 이화여대생들과 연세대 학생들의 움직임이 가장 두드러진다.[77]

하지만 1965년 8월 14일, 한일협정 비준동의안이 여당 단독으로 국회를 통과하자 한일협정 비준 무효를 요구하는 학생들의 시위가 부활했다. 특히 모든 학교가 개강한 8월 23일, 시위 규모는 더욱 커져 6·3항쟁 이후 사라졌던 박정희 정부 타도 구호가 다시 등장했다. 대학생들의 반정부 시위는 가을까지 이어졌다. 한일협정을 반대하는 집회와 시위는 1964년에 시작되어 1965년에 걸쳐 장기간 계속되었다.

---

77) 경향신문 1965년 7월 14일 6면.

창가학회 규탄, 습격 사건

그런 가운데 창가학회와 관련된 논란도 한 부분을 차지했다. 1965년 3월 고등법원의 판결이 언론에 보도된 이후 몇 가지 집회가 있었다. 창가학회가 승소했다는 소식을 들은 시민사회 단체들 중에서 창가학회를 비판하는 집회를 연 곳은 조계종 산하의 한국대학생불교연합회였다. 3월 20일에 대구에서는 청구대학 불교학생회가 집회를 가졌다. 당초 이 규탄대회는 19일 오전에 개최할 예정으로 경찰당국에 집회계를 제출했으나, 창가학회 규탄대회가 한일협정 타결 규탄으로 발전할 것을 염려했음인지 선뜻 허가가 나지 않아 연기되었다가 열린 것이었다.

이 날 규탄 대회에 참가한 학생 수는 2백여 명이었다. 불교 학생들은 이 대회에서 '창가학회는 민족혼을 좀먹는 사상적 침략이며, 동방요배는 일제 36년간 피지배의 답습인 동시에 이의 포교자나 신봉자는 이완용의 도당'이라고 선언하고 국회 의장 등에게 결의문을 보냈다.[78]

서울에서는 1965년 4월 10일 오후 2시에 불교 조계종 총무원 후원으로 조계사 앞마당에서 '창가학회 규탄대회'가 열렸다. 주최 측은 민족정신을 좀먹어 들어오는 정신적 침략을 경계, 성토하며 국민여론을 환기하고 경각심을 불러일으키기 위해 성토대회를 갖는다고 밝히면서 창가학회를 반민족적 반국가적 사이비 종교단체로 규정하

---

78) 매일신문 1965년 3월 23일.

였다. 이 성토대회에는 건국대를 비롯한 시내 12개 대학 학생 50여 명과 20명의 일반인 등 모두 합쳐 1백여 명이 참석했다. [79]

이렇게 집회 신고를 하고 정식으로 창가학회 규탄대회를 가진 것은 조계종 산하 불교청년회 소속 대학생들이었다. 그밖에 다른 대학생들이 집회를 가진 적은 없었다. 대구와 서울에서 열린 불교대학생들의 창가학회 규탄대회는 조계종 본부의 권유를 받아 불교대학생회 간부들이 주최한 것으로, 한일회담과는 상관없는 것이었다.

하지만 주목할 만한 사태가 벌어졌다. 그것은 한일협정을 반대하던 대학생 수십 명이 창가학회 본부로 알려진 동대문 밖 가황사를 습격한 사건이었다. 이들이 들이닥친 집은 창가학회 회원이 많이 모이는 승려 박소암의 절이었다. 이 절에서 박소암은 신도들을 모아 놓고 창가학회 교리를 강의했고, 신도들이 모여 주기적으로 집회를 가졌다.

1965년 8월 19일 오후 7시, 대학생들은 복면을 하고 각목을 휘두르면서 절 안으로 들어가 창가학회 신앙의 대상인 본존을 찢고, 이케다 회장의 사진을 떼어내어 부쉈다. 대학생들은 또 붉은 글씨로 '창가학회는 일본의 앞잡이다. 반국가적인 매국적인 포교는 집어 치워라'라고 쓴 경고문을 벽에 붙이고, 절 안에 있던 서적과 신문, 기타 서류 뭉치를 빼앗는 등 소동을 피웠다. 그러는 동안 창가학회 신자들은 아무런 저항도 할 수 없었고 박소암은 학생들에게 뺨을 맞기도 하였다. 이날 시위에 참가했던 학생들 중 한 명의 기

---

79) 경향신문 1965년 4월 10일 7면.

록에 의하면, '작전에 참가한 특공요원들은 이날 밤 북창동 대폿집에서 승리의 술잔을 들고 있었'고 하였다.[80] 대학생들은 자신들의 창가학회 집회소 습격을 마치 특수요원이 민족 반역자 집단을 처단하는 것처럼 생각하면서 행동하였던 것이다.

〈그림 6-5〉 대학생 시위대 창가학회 습격 기사

創價學會서 騷亂
20餘 學生 器物 팽개치고 石佛 뜯어…

19일 하오 6시 50분쯤 「무궁화애국학생연합회」소속 학생 20여 명이 창가(創價)학회 서울지부인 시내 창신동(昌信2洞) 656 박소암(朴롱름=42)씨 집에 들이닥쳐 법주(法主)의 사진과 田회장 사진을 떼어 평개치고 본존(本尊) 석불 2개를 들어가는 등 15분 동안 소란을 피웠다.

대학생 차림의 학생들은 「창가학회는 일본의 앞잡이다. ▼반국가적인 매국적인 포교는 접어치워라」는 내용의 붉은 글씨로 된 경고문을 벽에 붙여놓고 사라졌다.

박씨는 3년 전 창가학회 서울지부를 설립, 2년전부터 포섭하여 불법강론으로 일련피리를 포교한 것이다.

법주 박씨는 이날 학생들의 소란을 열려다 맞았다고…

출처: 조선일보」 1965년 8월 20일 3면

---

80) 신동호, 1996, 『오늘의 한국정치와 6·3세대』 서울, 도서출판 예문, pp. 288~289. 김삼웅, 2005, 『종교, 근대의 길을 묻다-사건으로 본 한국의 종교사』, 인물과 사상사, 123-128쪽.

이 사건을 주도한 〈무궁화 애호 대학생총연합회〉는 급조한 단체 이름이었다. 이 사건은 우발적인 사건이 아니었다. 실제로는 당시 한일협정 비준을 반대하는 각 대학 연합체인 '한비련韓批聯'이 주도한 것이었다.[81] 당시 학생운동의 주역들이었던 한비련 간부들이 창가학회의 집회 장소인 가황사를 사전 답사를 하였으며 호소문은 가명으로 작성하였다. 격문을 미리 제작한 다음 각 대학으로부터 지원자를 받아 복면을 하고 각목을 들고 참가하였다.

참가자들 스스로는 의식하지 못했지만, 한일협정 회담에 반대하며 반정부 시위를 주도하고 앞장섰던 대학생들이 정부가 주도하고 있던 '반 왜색종교 캠페인'에 합류했던 것이다. 그들은 정부가 말하는 대로 창가학회를 인식하였고 창가학회를 반일의 표적으로 삼았다.

당시에 정부는 한일회담을 하면서 학생과 지식인들로부터 비난을 받고 있었다. 학생, 지식인들은 한국 정부가 당당한 태도로 회담에 임하지 못하고 돈을 조금 더 달라고 굴욕적인 태도로 일본 측에게 저자세를 취하는 것을 비판하고 있었다.

민족주의가 충만한 이 시기에 민족정신을 좀먹는 '왜색종교'라는 선전은 대중의 관심을 끄는 데 효과가 컸다. 더구나 기성 종교 교단인 불교와 개신교에서 정부의 조치를 찬성하고 적극적으로 지원해주고 있었기 때문에, 문교부의 조치가 개인의 신앙의 자유를 제한한다는 사실이 크게 부각되지 못했다. 한비련 소속의 대학생들

---

81) 한비련은 '한일협정 비준 반대 각 대학 연합체'의 줄임말이다. 신동호, 윗글, 262쪽.

에게 민족정신은 중요한 가치였기 때문에 정부와 언론에서 말하는 '왜색종교'는 타파해야 할 대상이었다.

식민지 일본에서 해방 된 지 얼마 되지 않은 그 당시에, 우리 민족을 강조하는 이 캠페인에 참여했던 대학생들은 자신들의 행위가 종교의 자유에 대한 폭력임을 인식하지는 못했다. 그 보다는 국가와 민족을 위해 항일운동을 하던 것과 마찬가지로 일본 종교를 응징할 폭력이 불가피하다고 생각하고 있었던 것이다. 국가의 창가학회 포교 금지 정책이 국가의 기획이고 폭력임을 깨닫기는 더욱 어려웠던 때였다. 그렇기에 대학생들은 반 창가학회 운동을 했고 결과적으로 박정희 정부를 지지하고 동조하는 행동을 한 것이다. 그들이 가황사를 습격했을 때 그 자리에 있던 창가학회 회원들은 아무 말도 못하고 고스란히 학생들의 난폭한 행동을 받아들이고 참을 수밖에 없었다.

한일협정은 이후 체결되었고, 국민들은 반일에서 경제 개발로 눈을 돌렸다. 박정희는 한일협정으로 일본에서 받아온 돈으로 경제개발 5개년 계획을 추진했다.

제7장 한국사회와 인식의 틀

포교금지와 국민의 호응
반일민족주의와 왜색일소운동
유사종교 프레임의 위력

포교금지 명령과 국민의 호응

일본사회에서 1951년부터 빠르게 성장하던 창가학회는 1960년 경부터 전 세계를 상대로 해외 포교를 시작하였다. 미국, 캐나다, 유럽을 무대로 포교를 시작했는데, 같은 시기 한국에도 포교를 시작하였다. 한국에의 포교는 재일한국인 회원들이 자기 고향의 가족과 친지에게 창가학회 교리를 전파하면서 시작되었다. 일본에서 들어온 종교 중에는 천리교天理敎도 있었다. 일제 시기 천리교는 조선에서 가장 많은 신자를 확보한 일본 종교였고 해방 직전까지 1만 명 이상의 조선인이 천리교 신자였다. 일본이 패전 후 한국에서 물러나자 천리교는 대부분의 시설이나 재산이 개신교 세력에게 넘어가면서 약해졌다. 하지만 1950년대 한국전쟁 후부터는 다시 교세가 커져서 1960년경에는 교인 수가 40만 명을 넘어섰다.[82] 천리교에 비하면 1960년대의 창가학회는 이제 막 포교가 시작된 작은 종교단체였다.

1963년 말까지 국내 창가학회 회원은 전국을 다 합쳐도 3천 명 정도였으며, 조직도 꾸리지 못한 상태였다. 그 해 12월, 일본 창가학회 본부에서 한국에 방문단을 파견하겠다고 주일한국대표부에 신청했다. 그런데 한국 정부는 비자 승인을 거부했으며, 그 대신

---

82) 조성윤, 2010, 「천리교를 통해 본 한일 종교 100년의 교섭, "한국과 일본 100년", 한국사회사학회 · 서울대학교 일본연구소 공동학술대회 발표문, 2010년 10월 8일 서울대학교.

창가학회에 대한 공격이 시작되었다. 1964년 1월 10일부터 전국 일간지들은 창가학회를 비판하는 기사를 집중적으로 실었다. 언론이 분위기를 조성하자, 재건국민운동본부 등의 사회단체와 불교단체의 규탄 성명이 잇달았고, 문교부가 「종교심의위원회」를 소집하였다. 이어서 국무회의에서 창가학회의 포교금지 처분이 내려졌다. 대한민국 국가 수립 이후 국가권력이 정책적으로 종교단체의 활동을 금지한 첫 번째 사례였다.

포교금지 처분이 국무회의를 통과하면서 내무부 치안국 정보과 경찰의 활동은 정당화되었다. 체신부, 재무부, 외교부에서도 창가학회를 단속하기 위한 규정을 찾아냈다. 신문에는 매일 같이 '사이비 종교', '사교', '왜색종교'라며 창가학회를 비난하는 기사가 실렸다. 일본에서 보내오는 창가학회의 신문, 잡지, 서적의 반입이 금지되고, 재일한국인 창가학회 회원들이 일본 돈을 갖고 들어오면 외환관리법 위반으로 단속되었다. 창가학회 회원들은 경찰에 불려가 창가학회를 그만두라는 회유를 받았다. 창가학회 집회 정보가 있으면 경찰은 현장을 감시하였다.

내가 1964년 창가학회 사건을 주목하는 첫 번째 이유는 그것이 국가권력이 개인의 종교 신앙의 자유를 탄압했던 매우 중요한 사례이기 때문이다. 대한민국에서 이러한 조치가 내려진 것은 그 이전에도 없었고, 그 이후에도 볼 수 없었다. 물론 논란이 된 종교는 많았다. 1950년대에 박태선 장로의 전도관과 문선명의 통일교가 크게 논란이 되었지만, 교주에 대한 탄압을 했을 뿐, 포교 활동 자체를 금지시키지는 않았다. 이런 점에서 대한민국 국민들이 종교의 자유를 과연 얼마나 누리고 있는가 하는 문제를 다룰 때 창가학회는 매우 중요한 사례가 되었다.

앞에서 1964년 한국사회에서 발생한 창가학회 포교금지 사건에 대해서 정리해 보았다. 포교금지 처분은 대한민국 정부가 내린 조치였고, 구체적으로는 내무부 치안국 정보과에서 주도하고, 문교부 담당 관리들이 실행에 옮겼다. 창가학회의 포교를 금지시킨 것은 일본 문화의 한국 침투를 막는 데 정부가 앞장서고 있음을 국민들에게 보여주는 것이었다. 이를 통해 박정희 정권이 친일 정부가 아니라는 것을 보여주고자 한 일종의 캠페인이었다. 그래서 국민의 반일 감정이 창가학회로 투사되도록 했다. 정부의 창가학회 포교금지 조치는 의도한 대로 진행되었다. 언론은 정부의 이러한 조치를 환영했고 비판을 쏟아냈다. 내무부는 포교금지 조치를 합리화하기 위해서 종교심의 위원회를 열었다. 여기에 불교 조계종 지도자들과 개신교 목사, 그리고 정부와 관계가 깊은 학자들이 동원되어 정부의 의도에 호응하였다.

정부가 창가학회 포교금지 처분을 내리고, 경찰을 동원해서 감시하는 조치를 취한 것은 종교 신앙의 자유를 허용한 헌법을 위배한 것이었다. 그런데도 불구하고 정부의 창가학회 포교 금지 명령은 국민들 사이에 널리 받아들여지고 호응을 얻고 있었다. 나는 그 이유를 당시 한국 사회에 대한민국 정부의 금지조치를 받아들일 만한 분위기가 이미 형성되어 있었기 때문이라고 본다. 그것은 크게 두 가지로 압축된다.

하나는 국민들 사이에 널리 깔려 있는 반일 감정이고, 다른 하나는 유사종교에 대한 생각이었다. 반일 감정과 유사종교에 대한 관념이 결합하여 창가학회를 왜색종교로 규정하고 탄압하는 것을 허용하는 분위기가 만들어진 것이다.

창가학회가 반민족적이며 반국가적인 존재라는 이미지는 반일 프레임에서 비롯된 것이다. 또한, 창가학회가 미신이라거나 정치집단이므로 종교가 아니라는 주장은 유사종교 프레임에서 만들어진다. 창가학회는 이 두 프레임이 겹치면서 왜색종교라는 낙인이 찍힌다. 이것을 가능하게 만든 것은 정부와 언론이 갖고 있던 반일 프레임과 기성종교인 개신교와 불교가 내세웠던 유사종교 프레임이다. 여기서 반일 프레임과 유사종교 프레임을 잠시 설명하고자 한다.

반일민족주의와 왜색일소운동

한국인의 민족의식은 반일민족주의를 중심으로 형성되고 발전해왔다. 조선사회에서는 이미 고려 말부터 왜구의 잦은 침략과 임진왜란으로 막대한 피해를 입었던 집단 기억이 세대를 이어 내려오면서 주민들 사이에서 계승되어 왔다.[83] 반일 의식은 조선말기

---

83) 조성윤, 2010, 「개항 초기 서울 지역 민중의 근대적 국민의식 형성과정과 반일의식」, 한일관계사논집 편찬위원회 편, 『한국 근대국가 수립과 한일관계』, 경인문화사, 104-109쪽.

개항 이후 급속히 커져갔고, 국권을 상실하고 일본 제국의 식민지 지배를 받으면서 저항 주체로서 민족의식을 키웠다. 국내뿐만 아니라 중국, 소련, 미국 등 해외에 나가서 독립운동을 할 수 있었던 바탕에는 제국 일본의 국가주의에 맞서 국권을 회복하려는 반일 민족주의가 있었다.

해방 후 미군정 하에서는 반일 민족주의보다는 사회주의인가 아닌가가 더 중요해졌다. 미국이 소련 사회주의를 극단적으로 경계하고 있었기 때문이었다. 당시 한국사회에서는 사회주의 사상을 가진 활동가들이 많았는데, 미국은 조선 땅에서 이들이 사회주의 국가를 세우려는 것을 막았다.

미군정의 통제 하에서 1948년 성립된 대한민국 정부는 이승만과 지주세력, 조선총독부에서 일하던 관리들과 일본 경찰 밑에서 일하던 경찰, 순사들이 주축이 되었다. 이승만 세력은 사회주의 활동가들이 인민위원회를 구성해 자주 정부를 수립하려 하자 빨갱이로 몰아서 탄압하기 시작했고, 이 작업이 어느 정도 일단락된 토대 위에 대한민국 정부가 세워졌다.

1950년 한국전쟁이 터지면서 남과 북은 더욱 더 사회주의자냐 아니냐 하는 기준으로 갈라졌다. 대한민국 정부의 슬로건은 반공反共이 되었다. 1953년 종전終戰이 아닌 휴전休戰이 되었고, 이후 준準전시 상태가 계속되었기 때문에, 적敵으로서의 공산당과 대결하는 대한민국 정부가 반공을 강조하는 것은 자연스러운 것이었다.

한편, 국권을 회복하기 위한 반일 운동은 사라졌지만 일본의 잔재를 없애자는 '왜색일소倭色一掃운동'이 일어났다. 일본화의 문화적 상징으로 제시된 것이 주로 일본어와 일본(풍)의 문화였다. 왜색倭色은 바로 일본화의 잔재를 총칭하는 말이었다. 이 운동으로 식민지 시대의 간판과 상표, 일본어 사용, 음반과 영화 등에서 일본을 없애기 시작했다. 왜색은 일본의 식민지 지배를 벗어난 지 얼마 되지 않는 시점에서, 조선인들의 손으로 국가를 건설할 때, 또 다시 일본의 지배를 받지 않겠다는 다짐을 할 때 중요했다. [84]

이 운동을 주목한 김성민은 해방 후 수십 년간 지속된 '일본 대중문화 금지' 현상을 분석하면서, 맨앞에 왜색일소 운동이 자리 잡고 있다고 보았다. 그런데 이 운동은 시민이 주체가 되어 민간에서 전개한 것이 아니라 관이 주도한 일종의 계몽운동이었다. 그는 "왜색일소 운동은 1948년 8월 15일에 대한민국 정부가 수립되고 이승만 초대 정권이 발족되면서 제도적으로도 본격화되었다. 한반도 남북이 분단된 채 정부를 수립해야 했던 이승만 정권에게 반일 민족주의는 정권의 민족주의적 이미지를 강화하기 위한 중요한 수단이었다"고 파악하였다. [85]

1948년 8월 15일에 대한민국 정부가 수립되고 이승만 초대 정권이 시작되자 왜색일소운동이 본격화되었다. 이승만 대통령이 직접 "일본 제품의 범람을 막아야 하며, 실패할 경우 내무부 당국자를 처벌 하겠다"고 선언하는 등 정부와 경찰, 시 당국에 의한 적극적인 규제가 실시된 것이다. 정부 각 부처는 저마다 왜색일소 운동

---

84) 김성민, 2017, 『일본을 禁하다』, 파주, ㈜글항아리
85) 윗글, 30-32쪽.

주간을 설정하고, 구체적인 실천계획을 수립했다. 문교부는 국어 정화운동을 시작하면서, 초·중·고등학교 교과서도 새로 제작하고, 학술용어 제정위원회도 조직하였다. 내무부는 상점을 비롯하여 관청, 회사 등의 간판에 일본식 명칭을 그대로 둔 곳을 찾아서 단속하고, 바꾸도록 지시했다.

그러나 이 왜색일소 운동은 심각한 모순과 문제를 안고 있었다. 운동을 제창하고 이끌어가는 관리들이 대부분 과거 조선총독부에서 일했던 경력자들이었다. 이승만 정부는 조선총독부의 행정기구와 경찰에서 일했던 식민 지배 협력자들을 국가 기구의 핵심 세력으로 등용했다. 시민들의 눈에는 그들이야말로 일본 제국주의 시대를 인적·구조적으로 계승하는 친일파이며 일제의 협력자였다. 그리고 그들의 가족이야말로 밀수해 들여온 일제 제품들의 주된 소비자들이었다. 그런 그들이 반일反日을 내세우면서 국민들에게는 일본을 배격하라는 왜색 일소를 강요하였다.

반일 캠페인이 한창이던 1955년 정부 각 부처 합동회의가 열렸다. 그 내용을 보면,

倭色을 一掃하고 國産品을 愛用하자고 七部의 代表가 會同하였다. 對策을 樹立하였는데
一, 耐乏生活을 하자
一, 洋담배를 피우지 말 것. 「노오타이 샤쓰」를 입을 것.
　　「땐스」를 말 것. 料亭에 다니지 말 것.
一, 日本말을 쓰지 말 것.

一, 밀수품을 들여오지 말 것.

공무원들이 솔선해서 이들 각 조항을 실천하라는 것인데, 하기야 농민이나 세민(細民)들이 실천할 해당조항은 하나도 없다. 신생활운동도 좋고 내핍생활도 하여야겠다. 국산품을 애용하여야 할 것도 더 말할 필요조차 없다. 그러나 내핍생활을 하기 위하여 국산품을 애용하기 위하여 지도층부터 시범하여야겠는데, 이 계층의 인사들이 내핍생활을 할 것 같지 않고, 국산품 애용은커녕 배척하고 있으니 제대로 실천할 자는 누구냐 하면, 해당 외의 농민이나 세민(細民)들뿐이니 도로아미타불 격으로 이 운동이 잘 안 될 것 같다. 강권(强權)으로 움직이면 자유 침해니 인권을 내세울 것이요, 소유권까지도 방패로 내세우는 판이어서 신생활운동은 결국 각자의 자성자각에 맡겨둘 수밖에 없는 것이다.[86]

라고 하였다. 왜색일소 운동에 대한 또 한 가지 기사를 보면,

「倭色一掃」란 표어가 官命으로 대중음식점이나 요정으로, 또는 다방이나 극장 등으로 나붙은 지는 이미 오래된 일이다. 「관」의 의도는 민중에게 친일사상을 말살시키는 한편, 국민에 배일(排日)관념을 주입하자는 데서 출발했던 것이니, 일제 폭정 40년간 절치부심하던 우리로서는 있을 법한 일이라고 수긍 안 되는 것은 아니다. 그러나 그 번지구레 한 "왜 빛을 없애 버

---

86) 경향신문 1955.06.30. 1면 사회 기사(가십)

리자"는 모토가 생겨 가지고, 또 관인(官人)들이 그것을 문자화, 인쇄화해서 업자들이나 일반 민간인들에게 선전한 지 여러 해 동안에 도대체 성과가 얼마나 나타났는지 의심스럽다. 그리고 그것은 '관(官)' 자체부터 실천을 하기는커녕, 누구보다도 앞장서서 유린하지 않나 하는 인상을 갖게 하는 것은 어쩐 까닭인가.…

결론적으로「倭色一掃」는 처음부터 '官'이 내걸어 놓고서, '官'이 누구보다도 먼저 짓밟아버리는 셈이 된다. 그러할진대, 이제부터라도 차라리 유명무실한 구호를 집어치우는 편이 낫지 않을까. 그리고 그런 형식적인 구두선보다도, 실질적으로 머릿속에서부터, "일제 때 케케묵은 봉건적 잔해"를 불살라버려야만 될 일이다. 이게 곧 이 나라 관료들의 재교육이 시급히 요청되는 소이이다.[87]

대한민국 정부 수립 직후에 시작된 왜색일소 운동은 시민들로부터 호응을 얻었다. 하지만 그것은 관 주도로 추진되는 과정에서 겉돌고 있었다. 일제시기에 교육받은 행정 관료들은 국민을 향해 왜색을 추방하라고 명령하면서도 자신이 먼저 실천할 생각은 없었다. 구체적으로 얼마나 어떻게 일제의 그늘에서 벗어나야 하는지 몰랐고 관심도 없었다. 식민지 시대의 인적, 물적 자원을 구조적으로 계승한 이승만 정권은 왜색 금지를 말하고 있었지만, 실천과는

87) 동아일보 1958.08.03. 6면 논단.
88) 김성민, 2017, 『일본을 禁하다』, 파주, ㈜글항아리.

거리가 멀었다. [88]

1961년 군사쿠데타 이후 수립된 박정희 정권 역시 마찬가지였다. 박정희 정권은 기존의 관료, 경찰, 기업가들을 그대로 끌어안고 갔다. 다만 권력을 장악하고 명령하는 주체만 군인으로 바뀌었을 뿐이었다. 박정희는 일본을 배척할 생각이 없었다. 오히려 일본의 명치유신과 산업화를 한국경제발전의 모델로 생각하고 있었다. [89] 그리고 한일회담을 통해서 일본의 협력을 얻어내고자 했기 때문에 한일회담을 비판하는 학생과 지식인의 주장을 듣지 않았다. 그러나 박정희 역시 국민들 사이에 널리 깔려 있던 반일 감정을 무시할 수는 없었다. 박정희는 국민들의 반일 감정을 적극 활용하는 방향으로 정책을 폈다. 그 결과 일본과 정치적, 경제적 협력은 강화하면서 일본의 종교, 영화, 만화 등의 대중문화는 억압하는 방향으로 나아간 것이다.

해방 후 한국인들에게 널리 퍼져 있던 반일 감정은 1964년에 창가학회에 집중적으로 쏟아지면서 박정희와 김종필 등 군부 인사들에 대한 비판은 분산되고 약화되는 효과를 얻었다. 그 뒤 한국의 정부는 정권이 위기에 처할 때마다 국민들의 반일 감정을 부추겼다. 특히 이명박 대통령이 정권 말기 지지율이 바닥을 칠 때, 독도를 방문해서 자신이 독도를 지키겠다고 선언했고, 이를 통해 지지율을 끌어올렸다. 반일 감정은 그렇게 이용되었다.

일본 대중문화 수입 금지 조치는 1990년대 말 김대중 정권이 수

---

89) 이준식, 윗글, 197쪽.

입을 자유화할 때까지 계속되었다. 그때까지 대한민국 정부는 내내 국어순화운동을 비롯하여 각 분야에서 왜색 추방운동을 캠페인으로 하고 있었고, 텔레비전 방송국이 일본 애니메이션을 들여올 때도 일본 색깔을 지우도록 검열하고 규제하고 있었다. 김대중 정권이 일본 대중문화 수입을 자유화할 때도 이를 비판하는 여론은 상당히 강한 편이었다. 그러나 그로부터 다시 20년이 지난 오늘날 더 이상 일본 대중문화 수입을 비판하는 소리는 들리지 않는다. 그 대신 '겨울 소나타'로부터 시작된 한류韓流 붐이 일어나 한국의 영화, 드라마, 대중음악이 일본으로 흘러 들어갔다. 우리 국민들 사이에는 한국문화가 일본으로 들어가 퍼지는 것을 자랑스럽게 생각하는 경향이 커졌다. 한류는 일본만이 아니라 중국, 동남아시아, 유럽 등으로 확산되고 있으며, 하나의 큰 산업으로 자리 잡고 있다.

일본문화가 한국으로 들어올 때는 규제해야 한다고 목소리를 높였지만 한국의 대중문화가 일본으로 들어가 퍼지는 현상은 반대하지 않을 뿐만 아니라 흐뭇해한다. 일본에서의 한류를 한국인과 일본인 사이의 자연스러운 문화교류로 보기보다는 한국이 일본사회를 파고들어간다고 보고 우월감을 느끼는 사람들이 많다. 이것은 무엇을 말해주는가. 한일 간의 교류를 대결 구도로 파악하는 생각의 틀은 일본 것이라면 모두 치워버리자는 왜색일소운동과 반일감정에서 연유하는 것임을 말해준다.

유사종교 프레임의 위력

내가 두 번째로 주목하는 것은 1960년대 한국인들의 내면에 깔려 있던 종교와 유사종교의 구분이었다. 이것은 오랜 역사를 지닌 프레임이면서, 현재까지도 강하게 영향을 미치고 있다. 조선시대의 지배 종교였던 유교의 유생儒生들은 매우 공격적으로 다른 종교 세력을 비판했다. 유생들은 불교 행사를 중지시키고, 도교 제사를 폐지하는 운동도 벌였다. 개성의 유생 백여 명이 신사를 방화한 사건은 유명하다.[90] 유생들에게는 자신들이 믿고 따르는 종교적 가르침이 정도正道이고, 불교, 도교, 무교 등은 모두 사도邪道요 비도非道였다. 따라서 유생들에게는 불교와 도교, 무교가 철저하게 억압하고 제거해야 할 대상이었을 뿐, 공존은 불가능하였다.

일제 식민지 상황에서의 조선총독부의 종교정책을 보면 조선총독부 학무국은 종교단체로 승인된 신도神道, 불교, 개신교, 가톨릭을 관리하며 협력 관계를 만들어갔다. 한편 종교단체로 승인받지 못한 천도교, 대종교, 증산교 등의 각종 신종교들은 무속 등 민간신앙과 함께 경무국이 관리하였다. 경무국은 이들을 유사종교類似宗敎로 분류하고 감시와 감독을 하였다.

해방 후 한국정부의 종교정책은 조선총독부의 정책을 그대로 이어받았는데, 문교부는 형식적으로는 조선총독부의 경무국이 맡았

---

90) 조성윤, 2003,「조선 전기의 이단배척운동-신사 방화사건과 유생집단」,『한국 사회사연구-화양 신용하 교수 정년기념논총』, 나남출판.

던 신종교까지 관리를 도맡게 되었다. 하지만 운영 방식은 조선총독부 시절이나 매한가지였다. 총독부 시절에는 일본 신도를 중요시했는데, 그것이 퇴출된 반면, 해방 후 한국사회에서는 개신교가 큰 자리를 차지했다. 물론 그 당시 개신교의 신자 수는 많지 않았다. 하지만 미군정이 개신교를 지원해주고 있었다. 대통령 이승만도 개신교 신자였다.

한국전쟁을 거치고 나서는 미국과 캐나다에서 들어오는 온갖 구호물자들이 개신교회와 관련 단체들을 통해 풀려나갔다. 1950년대 후반부터 문선명의 통일교와 박태선 장로의 전도관이 새로운 종교단체로 등장하여 퍼져나가자, 개신교 목사들은 이 단체들을 단속해 달라고 정부에 요청했다. 통일교와 전도관의 신자가 되는 사람들이 대부분 개신교 신자들이었기 때문에 개신교회 목사들은 위기감이 커졌다. 그때마다 문교부는 이들을 '유사종교'로 보고 단속을 강화하겠다고 밝히곤 했다. 당시 한국의 민간신앙, 특히 무당의 굿과 도시 곳곳의 점집의 역술가들을 한국 정부는 미신업자迷信業者로 분류하곤 했다.

한편 1954년부터 약 1년 동안 한국 불교계에서는 비구승들이 대처승이 중심인 주류 세력을 몰아내고 한국불교의 주도권을 장악하는 데 성공한 불교정화운동이 벌어졌다. 주도권을 넘겨받은 비구승 집단은 조계종曹溪宗을 출범시켰고, 전국 유명 사찰은 물론 천여 개에 달하는 군소 사찰까지 전국 사찰의 대부분을 장악하면서, 단숨에 한국 불교의 주류로 자리 잡았다. 반면 대처승 집단은 불교 교단의 주도권을 내어주고 밀려났다가 결국 태고종이라는 별도의 종단을 만들었다. 당시 비구승들은 이승만 대통령의 막강한 지원을 받아 불교정화운동을 전개하였다. 이승만은 비구승을 지지하는 담화를 발표하고, 문교부 장관과 내무부 장관에게 행정력을 동원해 지원하도록 지시했다. 경찰이 비구승들의 손발이 되어 사찰 접수에 동원되었으며, 이승만의 지시를 받은 깡패들도 비구승으로 변신하여 동원되었다. 하지만 당시 전국의 불교 승려 8천 명 정도 중에서 비구승은 불과 2-3백 명 정도의 소수였는데 1년여의 짧은 기간 동안 총무원을 장악하고 대처승들을 몰아냈다. 이승만 대통령은 불교 교단을 주도하는 자리에서 대처승을 쫓아내고, 그 대신 비구승에게 교단의 주도권을 잡을 수 있도록 지원하였다. '친일=대처승'이라는 이미지를 부각시키면서 결혼한 승려인 대처승을 반일 감정의 희생양으로 삼았던 것이다. [91]

나는 지난 30년 동안 학생들에게 종교사회학 강의를 계속해왔다.

첫 시간에는 자신이 갖고 있는 종교를 먼저 밝히도록 했고, 여러 가지 종교를 접하면서 갖게 되는 자신의 생각을 말하게 했다. 학생들의 대부분은 '종교라고 하면 불교, 가톨릭, 개신교가 있다'고 생각한다. 그 밖의 종교, 그러니까 외국에서 들어왔든 국내에서 새로 생겨났든 상관없이 근대 이후 새로 생겨난 신종교를 바라보는 시각은 매우 부정적이었다. 미국에서 들어온 신종교인 여호와의 증인, 안식교, 몰몬교 등도 모두 '이상한 종교'로 생각하고 있었다. 뿐만 아니라 한국의 전통 속에서 형성된 천도교, 원불교, 증산교 등

---

91) 조성윤, 2017, 이승만 대통령의 정화 담화와 비구승의 정화운동, 미간행 원고.

의 다양한 신종교 역시 '이상한 종교'로 취급되고 있었다. 반면 불교 교단 주도권을 둘러싸고 비구승과 대처승이 아무리 집단 난투극을 벌여도 불교를 '정상적인 종교'라고 보고 있었고, 해방 후 장로 교단 내에서 수십 개의 교단으로 분열되는 현상이 벌어져도 개신교를 주요 종교로 보고 있었다. 나는 이러한 인식이 승려와 목사들이 주도하는 '종교의 정통성' 주장에 의해서 형성되어 왔다고 생각한다. 비구승은 대처승이 결혼을 했다는 이유로 한국적인 불교 전통에서 벗어났다고 주장한다. 개신교는 내부에서 끊임없이 이단을 배제시키는 작업을 추진해 왔다.

해방 후 한국 개신교는 정통을 내세우며 이단 세력을 교회에서 쫓아내는 싸움을 끊임없이 벌였으며, 그 결과 수십 개의 교단으로 분열되었고, 오늘날까지 교단의 주류를 차지하려는 세력들 간의 암투로 누가 정통이고 누가 이단인지를 판정하는 문제가 논란의 핵심이 되어왔다. 같은 개신교 안에서도 누가 정통으로 공인받고 이단으로 단죄 받는지는 헤게모니를 누가 쥐느냐에 따라 갈린다. 이단으로 몰리는 것은 소수파이면서 현행 질서를 인정하지 않으려는 쪽이다. 이런 이유로 종교를 연구하는 학자들은 '이단'이라는 표현보다 '섹트'sect라는 중립적 표현을 쓴다.

창가학회가 처음 들어올 때 '사이비', '유사종교', '정치단체' 등의 격렬한 용어를 사용하면서 반대한 사람들은 대부분 조계종 쪽이었다. 그 이유는 창가학회가 일본에서 발생한 불교계 신종교였기 때문이다. 그들의 주장은 창가학회가 정통 불교에서 한참 벗어난 불교라는 것이었다. 하지만 불교계에서도 석가모니 이후 불교가 전

세계로 퍼져나가면서 이미 다양한 형태로 각 지역에 정착했고, 그 것이 고대, 중세, 근대로 넘어오면서 변화를 거듭해왔기 때문에, 어떤 교리에 어떤 의례를 행하고, 어떤 계율을 지킬 것인가 하는 문제는 결코 통일이 불가능한 상태였다. 하지만 1964년 당시 한국 불교계의 주류는 비구승이 차지했고, 주류에서 밀려난 대처승과 치열한 권력 투쟁이 아직 끝나지 않은 상태였다. 따라서 불교계의 주류 논객들은 비구승을 정통에 놓고 계율을 지키지 못하는 대처 승을 친일 불교로 몰아붙였다.

1964년 문교부가 종교심의 위원회를 소집해서 창가학회 한국 포교문제를 다룰 때, 위촉된 심의위원의 절반 이상이 불교 조계종 과 개신교를 대표하는 승려와 목사들이었다. 그들은 자신들의 종 단인 조계종과 개신교회가 민족 정통성을 갖춘 종단이라고 자임하 면서, 창가학회를 유사종교로 몰아붙이는 데 앞장섰다.

그래서 창가학회 포교금지 조치가 내려진 이후, 사람들은 창가학 회라는 종교단체의 교리와 활동 내용은 알려고 하지 않았고, 창가학 회라는 이름만 듣고도 경원시하는 사회적 분위기가 만들어졌다.

1980년대 이후 경찰이 창가학회 집회를 단속하거나 사찰하는 일은 줄어들었다. 창가학회를 규탄하는 조계종 측의 집회도 보기 어렵다. 창가학회를 유사종교라고 몰아붙이던 개신교 목사들의 강 연도 더 이상 보이지 않는다. 그렇지만 한국인들의 창가학회에 대 한 인식은 왜곡된 채 그대로 이어지고 있다.

프레임은 우리가 세상을 바라보는 방향을 미리 설정해 줌으로 써 매일같이 쏟아져 들어오는 뉴스를 소화하고 정리해서 받아들일 수 있도록 도와주는 역할을 한다. 그러나 프레임은 우리의 생각을 좁혀놓고 고정관념을 갖도록 만들기도 한다. 자신이 갖고 있는 인식의 틀이 어떻게 만들어졌는지를 성찰하는 것은 개인이나 사회에 모두 유익하고 소중한 작업이다. 우리가 갖고 있는 여러 프레임 중에 유사종교 인식 역시 현대 한국 역사 속에서 만들어진 산물이다. 1964년에 그것은 매우 힘이 셌지만 바른 인식은 아니었다.

"

맺음말

존재가 보이지 않는 창가학회

2015년에 조사한 한국 인구센서스 결과가 발표되었을 때의 일이다. 내 관심을 끈 항목 가운데 하나가 종교 통계였다. 한국인 중에서 종교를 갖고 있다고 대답한 인구는 10년 동안 53%에서 44%로 줄어들었다. 종교인구가 크게 줄었다는 것도 흥미로웠지만 한국에 어느 종교 소속 신자가 많은가를 알아보는, 교단별 신자 분포를 눈 여겨 보았다. 개신교, 천주교, 불교의 3대 종교를 중심으로 2005년부터 10년 동안의 변화를 주목하였다. 1천만 명이 넘던 불교 신자가 약300만 명이 줄어 762만 명, 천주교 신자가 502만에서 113만 명이 줄어든 389만 명인데, 개신교 신자는 845만 명에서 오히려 123만 명이 증가했다. 그래서 개신교가 1등이 되고, 불교가 2등으로 내려앉고, 성장한다고 믿었던 가톨릭이 다시 줄면서 3위를 유지했다. 이 결과 발표에 대해서 천주교, 개신교, 불교 언론은 제각기 다양한 반응을 보였다. 불교와 가톨릭 언론은 당황하고 불쾌한 반응을 보이면서 조사 방법이 잘못되었다고 주장하였다. 반면 개신교측은 1등으로 올라섰다는 생각에 희색이 만면했다. 한 동안 이 뉴스가 종교학자들 사이의 이야기 거리였다.

나는 이 뉴스를 지켜보다가 '왜 창가학회는 없지?'하는 의문이 생겼다. 창가학회뿐만 아니라 천리교도 보이지 않았다. 한국사회에서 창가학회의 회원 수는 교단 발표로 1980년대 말에 80만 명 수준이었으며, 2000년에 150만, 2019년 현재 170만을 넘어섰다. 물론 교단 발표이기 때문에 신자로 등록되어 있지만, 모임에 적극적으로 참여하지 않는 회원도 있을 것이다. 따라서 절반만 치더라도 100만에 가깝다. 이 정도 규모라면 한국에서 개신교, 불교, 천주교의 뒤를 잇는 제4위에 해당하는 수준일 텐데 싶었다.

〈표 1〉 인구센서스의 종교 항목 설문지

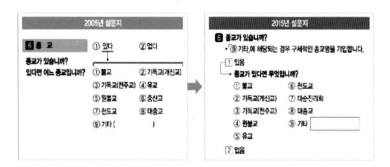

출처: 통계청 홈페이지.

통계청 홈페이지에서 2005년과 2015년의 인구센서스 조사표 항목을 찾아보았다. 〈표 1〉에서 보듯이, 설문지의 종교 항목은 "종교가 있습니까? 있다면 어느 종교입니까?"라고 물었다. 있다와 없다 라는 답변 밑에 8개의 교단 이름과 '기타' 항목이 있었다. 2005년도에는 3대 교단 다음으로 유교, 원불교, 증산교, 천도교, 대종교를 들었으며, 2015년도에는 순서가 약간 바뀌고, 증산교가 대순진리회로 대체되었다. 통계를 다시 들여다보니, 원불교는 8만 4천 명, 유교는 7만 6천명, 천도교 6만 6천명, 대종교 3천명, 기타 13만 9천명으로 조사결과가 나와 있었다.

한국 인구센서스 조사 어디에도 창가학회 또는 한국SGI라는 공식명칭이 보이지 않았다. 한국의 인구센서스 담당자들은 왜 한국계의 신종교는 항목에 넣으면서 일본계 신종교는 빼놓은 것일까.

2005년도 한국인구 센서스 조사가 진행되던 시기에 나는 창가학회 회원들을 만날 기회가 있었다. 그때 반복해서 물어보았던 것은 센서스 조사 때 어떻게 대답하느냐 하는 것이었다. '한국SGI'라고 기타 항목에 적는다고 대답하는 회원도 있었지만 극히 일부였고, 대부분의 회원들이 '불교'라고 대답한다고 하였다. 그러면 '한국SGI'라고 적은 회원은 '기타'로, '불교'라고 적은 회원은 '불교' 신자로 분류되어 버리는 것이다. 이렇게 되어 한국 종교 통계 속에서 창가학회 회원들의 존재는 사라졌다. 나는 이와 같은 현상이 10년 후에도 반복되었다고 생각한다.

한국 사회에 회원 100만 명이 넘는 종교 단체가 있는데, 그 종교 단체가 통계에서 보이지 않는다면, 그것은 현실을 크게 왜곡한 통계 조사일 것이다. 그런데도 그것을 지적하고 바로 잡으려는 시도가 보이지 않는다. 그 이유는 단순한 착오라고 보기 어렵다. 만약에 통계청 담당자가 종교 범주에서 천도교나 대종교를 제외하고, 대신에 창가학회와 천리교를 집어넣었다고 하자. 아니면 어떤 종교 사회학자가 그런 제안을 했다고 하자. 그래서 종교항목의 질문표가 달라졌다면, 시민들은 어떤 반응을 보일까.

그렇다면 정확한 한국 사회의 종교 현상의 추이를 분석하고 설명해야 할 종교 사회학자들은 이 조사의 무엇을 보고 있는 것일까. 나와 같은 학문 분야의 동료들에게 묻고 싶어졌다.

지금까지 한국에서 창가학회 회원들은 경찰의 지속적인 사찰과 방해, 그리고 사회적인 편견 속에서 나름대로의 길을 걸어왔다. 여러 계통으로 분리되어 있던 창가학회 조직이 1975년부터 통합되기 시작하였다. 그리고 회원 수가 지금까지 계속해서 상승곡선을 그리고 있다. 그 결과 1960년대부터 다시 포교가 활발해진 천리교와 창가학회를 비롯한 일본의 자생종교들은 꾸준히 신자를 늘려와 현재 200만 이상의 한국인 신자를 확보하기에 이르렀다. 창가학회는 한국에서 불교, 가톨릭, 개신교 다음으로 신자가 많은 종교단체다. 창가학회는 한국의 종교 지형에서 매우 중요한 위치를 차지하고 있다.

그런데 어떻게 한국의 종교 연구자들은 창가학회라는 종교단체가 마치 보이지 않는 것처럼 아무런 문제도 제기하지 않고 지냈을까. 그것은 한국 사회 구성원들이 창가학회에 대해서 갖고 있는 반일 프레임과 유사종교 프레임이 작동하고 있기 때문에 발생한 현상이라는 생각을 하게 되었다. 꽤 오래 연구자들은 두 가지 프레임이 겹치면서 창가학회라는 실체를 제외해 놓고 한국사회의 종교현상을 설명하는 것에 익숙해져 있었다. 그리고는 마치 그런 종교는 없는 듯이 설명을 마치곤 한 것이다.

아베의 일본과 우리가 만나는 일본

2019년 여름 어느 날 갑자기 시작된 아베 정권의 한국에 대한 수출규제는 우리를 크게 놀라게 했다. 그것은 아베 정권의 한국 경제의 급소 찌르기 작전이었고, 이를 통해서 한국정부가 놀라서 협상에 나설 것으로 예상한 협박이었다. 하지만 아베의 작전은 생각대로 풀리지 않았고, 한일 간의 몇 차례 공방이 오고 간 다음, 지금은 소강 상태를 보이고 있다.

전후 국교가 없는 상태로 지내던 양국이 1965년 맺은 한일협정은 양국의 교류를 촉진시킨 것은 사실이다. 그러나 한국의 박정희 정권이 돈이 필요해서 손을 벌리고 구걸하다시피 돈을 가져왔다. 당시 일본 정부 관계자들의 태도는 과거 식민 지배를 하던 제국 정치가들의 것과 하등 다를 바 없었다. 당시의 국교 재개는 대등한 관계에서 국교를 수립하는 것이 아니라 애매한 관계 재개였을 뿐이다. 그러면서 한국정부는 다른 한편으로 창가학회 포교를 금지시키고, 동백아가씨를 왜색 가요라고 금지시키며 한국인의 반일 감정을 자극하고 키워왔고, 관제 민족주의 교육은 효과를 발휘해 왔다.

그런 점에서 1년 전에 나온 한국 대법원의 일본기업에 대한 징용배상판결은 1965년 한일협정에 대한 근본적인 질문으로 받아들일 만한 것이었다. 촛불혁명 이후 치러진 선거에서 탄생한 문재인 정권은 박근혜 정권이 일본과 맺은 위안부 협정을 폐기했다. 이어서 징용배상판결까지 나오자, 아베 정권은 크게 충격을 받은 모습이다. 아베정권은 기업과 개인 간에 논의되어야 할 문제에 개입해서 기업들에게 교섭을 중단하게 한 다음, 직접 나서서 한국 정부에게 1965년 협정을 준수하라고 반복 주장하고 있다. 아베 정권은 지난 50년 동안 한일 양국 간에 유지되던 우월한 지위의 일본과 열등한 지위의 한국이라는 관계를 바꾸고 싶어 하지 않는 것이다.

우리가 주목할 일들이 지금 일본 내에서도 벌어지고 있다. 아베 정권은 한국의 대응에 공격적인 자세를 취하고 있을 뿐만 아니라, 일본 내의 문화 예술계의 활동에 대해서도 각을 세우며 대립하고 있다. 8월 한 달 일본 사회를 달군 이슈는 「아이치 트리엔날레 표현의 부자유전」에 소녀상을 전시했다는 이유로 전시장을 폐쇄하도록 강제한 사건이었다. 아베 정부는 지급하기로 한 예산을 중지하였고, 전국의 문화 예술계로 논쟁이 확대되었다. 일본에서는 아베 정권의 장기 집권이 길어지면서, 민주적인 사회분위기는 약해지고, 점차 보수 우익적인 방향으로 사회가 후퇴하고 있다는 우려가 커지고 있다. 그런 속에서도 일본사회의 민주화를 지향하는 정치인과 지식인들의 고군분투는 계속되고 있다. 그들은 아베 정권의 한국에 대한 수출규제와 화이트리스트 배제조치에 반대하며 '한국은 일본의 적敵이 아니다'라는 슬로건을 내걸고 서명운동을 전개한다.

나는 지금이야말로 1965년 박정희 정권이 맺었던 한일협정을 전면 재검토할 때라고 생각한다. 그래서 당시 일본 정치인들이 한국을 아래로 내려다보던 오만한 시선을 되돌아보게 해야 한다. 식민지 지배는 물론 전쟁 기간 동안 조선인들을 강제 동원하여 사지死地로 내몰아 놓고도 책임을 회피하는 의식을 청산하라고 요구할 때라고 본다.

하지만 아베정권이 문재인 정권과 새로운 한일관계를 만들어 나갈 수 있다고는 생각하지 않는다. 낡고 비민주적인 아베정권이 무너지고 조금 더 민주적인, 그리고 평화헌법을 바탕으로 국제관계를 만들려는 정권이 들어섰을 때 새로운 한일관계가 가능해질 것이라고 본다.

그렇다면 일본의 민주정권을 만들 새로운 주체는 어디서 나오는가. 그들은 현재 아베 정권과 맞서 용감하게 싸우는 일본 사회 내의 다양한 전선의 지식인, 정치인, 예술인들로부터 나올 것이다. 우리는 그들을 주목하고 그들을 지지하고, 그들과 손을 잡아야 한다.

나는 아베 정권의 한국 경제 급소 찌르기 작전을 보면서 한편으로는 비열한 공격법이라는 생각이 들었다. 다른 한편으로는 만만하게 보이던 한국 정부가 대드는 것으로 판단하고 버릇을 고쳐놓겠다고 나서는 제국주의자의 후예를 보는 듯했다. 그러면서 한국인들은 이러한 아베 정권의 공격에 어떻게 대응해야 하나 생각해 보았다. 물론 '일본상품 불매운동'은 과거 관제 데모처럼 퍼져 나가던 때와는 달리 민간 주도로 전개되기 때문에 상당히 길게 오래 갈 것으로 생각한다. 하지만 한국인들이 일본 상품을 불매하고, 일본 여행을 가지 않는 것만 가지고 일본에 항의하고 있다는 자기만족에 그치는 것은 아닐까 걱정되기도 한다.

일본의 주민들 모두가 우리의 적이 아니다. 일본 사람들은 한국인과 함께 어깨를 나란히 하고 서로 도우며 지내야 할 가까운 이웃이다. 물론 일본 사회 내에는 극우라 부르는 세력도 있고, 과거 제국의 영광에 취해서 지내는 보수 세력도 있다. 하지만 이에 맞서 싸우는 개혁 세력, 민주 시민들이 있다. 하지만 그들은 아직 천황제와 일본의 보수 중심의 정치체제를 개혁하는 데까지는 나아가지 못하고 있다. 그래서 국가를 넘어 인권, 평화, 민주의 가치로 연대하는 힘이 중요하다.

2011년 이래 동북지방의 재해와 핵발전소의 방사능 유출이 일본 사회를 뒤덮는 공포로 변해 있는데, 아베 정부는 이에 대한 대책을 세우지 못하고 있다. 오히려 일본 시민의 눈과 귀를 가리고, 외부의 적을 만들어 화살을 밖으로 향해 쏘면서 일본 국민의 관심을 돌려놓고 있다.

일본의 다양한 학교, 시민단체, 기관들과 활발한 교류를 하면서 그들과의 상호 이해를 높이고, 그들과 깊이 있는 대화를 나누는 것이 필요하다. 일본을 싫어하고 규탄만 할 것이 아니다. 우리도 일본 사회에 대해 공부하고 분석하면서 현명하게 대응법을 찾아야 한다. 그래서 비판할 것은 비판하고 서로 돕고 손잡을 사람들을 찾아야 한다. 나는 아베정권의 공격에서 시작된 이번의 한일갈등이야말로 장기적으로 한국인과 일본인이 서로를 바라보는 새로운 시각을 만들고, 성숙한 시민의식을 발휘하게 되는 기회로 삼아야 한다고 생각한다.

창가학회의 나아갈 길

나는 이 책에서 탄압의 주체자인 정부와 언론, 지식인들을 다루었을 뿐, 그 당시에 창가학회 신자가 된 사람들에 대해서는 분석하지 못했다. 초기 창가학회 회원이 된 한국인들은 일본에서 들어온 불교계 신종교를 받아들이고 믿는 자들이었다. 동시에 그들은 한국사회에 발을 딛고 살았고, 창가학회의 가르침에서 삶의 희망을 찾았던 소시민들이었다. 이들이 어떤 사람이었는지도 정리해야 할 것이었지만 나의 힘이 거기까지는 미치지 못했다. 하지만 자료 조사 과정 중에 나는 특별히 1964년 창가학회 회원이었던 서울의 이정순과 박소암, 그리고 대구의 최규원을 기억한다. 그들은 병고에 시달렸고 사업에도 실패하였으며 인생의 의미를 찾아 헤매고 있었다. 그때 창가학회의 가르침을 만나게 되자 회원이 되었다. 한국에서 다른 사람들보다 일찍 회원이 되었기에, 회원들이 모이는 중심 역할을 했는데 그들은 그 때문에 경찰의 감시 대상이 되었고 꽤 힘든 일들을 겪어야 했다. 하지만 그들은 정부의 탄압에 자진해서 나서서 항의했다.

언론이 창가학회를 비판하는 기사를 쏟아낼 때, 그들은 신문기자들 앞에서 자신의 생각을 말하고, 자신이 작성한 해명서를 들고 문교부 담당자를 만났으며, 포교활동 금지 조처가 부당한 것이라고 정부에 항의하는 문서를 제출하였다. 나는 이들의 모습을 보면서, 계란으로 바위치기 같은 일이었지만 자신의 신념을 믿고 행동하는 사람들이란 생각을 했다. 개인의 권리를 침해당하는 것에 몸소 항거했던 이들의 용기가 특별하게 보이는 것은 그 해가 1964년이었고 군사독재정권이 시작된 때였기 때문이다. 우리가 기억하는 수많은 억

울함이 박정희 정권에서 일어났다. 그렇게 위험한 시대였음에도 불구하고 국가의 명령이 맞지 않다고 주장하고 잘못은 바로 당신이라고 외치는 목소리를 자료의 행간에서 읽었다. 개인의 마음을 국가권력이 금지할 수 없다는 아주 기본적이고 순수한 생각이야말로 고등법원과 대법원 재판으로 이어지는 지난한 시간과 재판 상대가 국가권력이라는 두려움을 이겨내도록 하였다고 본다.

사회학자로서 나는 2000년 이래로 창가학회를 연구해왔다. 2013년에 낸 『창가학회와 재일한국인』에서는 2006년부터 만났던 재일한국인 창가학회 회원들의 종교 경험을 썼다. 나는 그 책에서 개인이 종교에 대해 갖는 믿음이 국가나 민족을 넘어선다고 적었다. 해방 후 일본에 남겨졌던 조선인들이 자신의 삶을 일으켜 세우기 위해서 잡았던 동아줄이 일본 창가학회 회원들과의 만남이었음을 보았다. 물론 모든 재일한국인이 창가학회 회원이 된 것은 아니며, 모든 일본인이 재일한국인들을 차별했던 것은 아니다. 그러나 일본 창가학회 조직 안으로 들어가서는 일본 사회 내의 차별을 느끼지 못했다는 재일한국인들의 증언은 매우 중요하였다.

재일한국인들이 고향의 가족과 친척에게 자신의 신앙을 전한 것이 오늘날 한국창가학회의 기초가 되었다. 그리고 초기의 회원들은 정부로부터 탄압을 받았고 한국의 창가학회는 왜색종교로 낙인 찍혔다. 그 때문에 한국 사회에서 창가학회 회원들은 자신이 창가학회 회원이라는 것을 잘 드러내지 않는다. 교육과 문화, 평화를 상징하는 학회의 정신을 실현하기 위해 다방면에서 활동하고 있지만 이 종교단체의 활동이 언론에 보이지 않는다. 나는 한국 창가학회의 이러한 조심성이 1964년의 포교금지 조치가 낳은 트라우마라고 여긴다. 그때로부터 55년이 지난 지금, 한국 창가학회는 반민족적인 집단도 아니고, 정치집단도 아닌 것이 확실해졌다. 그러나 한번 주입된 대중의 인식은 좀체 바뀌지 않고 있어서 「한국 창가학회」나 「한국 SGI」라는 단체명보다 '남묘호랭교' 라는 일본 종교로 아는 사람이 더 많다.

그럼에도 불구하고 나는 지난 20여 년간 창가학회를 연구하면서 이 종교단체에 대한 기대를 갖게 되었다. 그동안 창가학회의 평화 사상과 평화 운동을 보면서 창가학회의 반전 평화 운동이 앞으로 보다 더 발전할 것이라고 생각하게 되었다.

그렇다면 한국 창가학회는 어떤가. 이 책에서 나는 한국 사회에서 만들어진 인식의 틀을 창가학회의 예를 들어 밝혔다. 그 때문에 한국 창가학회에 대한 편견이 지금도 여전하다고도 적었다. 그러나 사람들의 생각은 쉽게 바뀌지 않는 면이 있는 반면 흐름의 방향을 타는 것이기도 하다.

우리 사회의 반일 감정이나 반공 의식, 유사종교에 관한 생각도 마찬가지다. 어떤 방향을 잡고 나아가느냐 하는 것은 그 사회가 축적한 문화적 자산에 따라 달라질 것이다. 촛불혁명 후 문재인 정권이 들어선 이래 우리 사회가 더 민주적이고 성숙해지는 것을 실감하고 있다. 더디지만 우리 한국 사회는 정신적으로나 문화적으로 발전을 하고 있는 것이다. 문화의 교류와 시민의 연대를 통해 한국인과 일본인들이 새로운 시대의 진정한 이웃으로 거듭날 때가 되었다.

마지막으로 나는, 한국 창가학회 회원들이 당당한 자세로 사회와 교류하기를 바란다. 또한 전 세계의 평화를 만들어 가는 데 중요한 역할을 할 것이라고 기대한다.

감사의 말

이 책이 나오게 되기까지 많은 분들의 도움을 받았다.

일본 창가학회 광보실의 이도가와 유키토(井戸川行人)씨는 20년 전 내가 창가학회 연구를 시작할 때부터 지금까지 연구를 도와주고 있다. 그는 내가 소속된 한일 종교연구회에 참석하면서 한국어 책을 읽고 싶다는 마음이 생겼고 4년 전부터는 한국어 공부를 하고 있다. 지금은 광보실에서 퇴직한 오모가와 도시아키(重川利昭)는 이 책의 아이디어를 함께 나누었다. 불교에 조예가 깊은 그와의 대화는 깊고 환해지는 기쁨을 선사해 주었기에 소중한 추억으로 간직하고 있다.

지금은 창가대학 사회학과를 퇴직한 나카노 츠요시(中野毅) 교수는 한국 창가학회의 역사를 발표하는 자리를 마련해주셨고 발표 내용을 SOCIOLOGICA에 싣도록 해주셨다. 이노우에 다이스케(井上大介) 교수로부터 멕시코 창가학회 이야기, 시모이데 히로키(下出博喜)로부터 인도 창가학회 이야기를 배웠다. 타마이 히데키(玉井秀樹) 평화문제연구소장은 방학 기간 동안 창가대학에 머물면서 집필에 전념할 수 있도록 도와주었다. 또 나의 연구 내용을 듣고 당시 일본 창가학회 자료를 제공해주신 기리가야 아키라(桐ヶ谷章) 동양철학연구소 이사장에게 감사드린다.

초고가 완성되자, 읽고 검토하는 작업은 제일 먼저 홍성찬, 이인재, 이승렬, 이준식 등 고전강독회 회원들이 함께 해 주었다. 그리고 나의 종교사회학 수업을 함께 한 제주대학교 사회학과와 한국학 협동과정의 대학원생들의 토론도 큰 힘이 되었다.

한국SGI 구형모 부장은 원고 속에서 내가 놓치고 있던 창가학회 관련 부분을 짚어 주셨다. 아들 조지훈은 독자 입장에서 원고를 꼼꼼히 읽어 주었다. 1964년의 한국 사회 분위기를 잘 모를 수 있는 젊은 독자들에게 이 책이 어떻게 읽힐지, 아들 덕분에 미리 알 수 있었다. 마지막 단계에서 원고를 읽고 책의 제목을 함께 고민한 동생 조성진에게 고마움을 전한다.

내가 쓴 초고는 몇 달에 걸쳐 글의 구성을 바꾸고 문체를 바꾸면서 지금의 책이 되었다. 아내 김미정은 독자들이 읽기에 힘들 수도 있던 나의 글을 지금의 문장으로 다듬어 주었다.

마지막으로, 이 책을 읽어주신 독자들께 진심으로 고마움을 전하고 싶다.

2019년 11월 9일, 가을이 짙어지는 아라동 연구실에서 조성윤

참고문헌

● 자료

문화공보부 총무과, 『기타불교단체(창가학회)』, 소장기관 국가기록원, 관리
　　번호 BA0103891.

● 문헌

강혜경, 2002, 「한국 경찰의 형성과 성격 : 1945-1953년」, 숙명여자대학교대
　　학원 사학과 박사학위논문.

김삼웅, 2003, 『종교, 근대의 길을 묻다- 사건으로 본 한국의 종교사』, 서울,
　　인물과사상사.

김성민, 2017, 『일본을 禁하다』, 파주, ㈜글항아리.

김일자, 1991, 「한국 경찰 성격 연구: 1945-1960」, 이화여자대학교 정치외교
　　학과 석사학위논문.

박승길, 2008, 『현대 한국사회와 SGI-한국 SGI와 대승불교운동의 사회학』,
　　대구, 도서출판 태일사.

박승길·조성윤, 2005, 「한국사회에서 타자로서의 일본종교와 타자 멘털리
　　티의 변화」, 『사회와 역사』 67집, 한국사회사학회.

신동호, 1995, 『오늘의 한국정치와 6·3세대』, 서울, 도서출판 예문.

윤해동, 이소마에 준이치 엮음, 2013, 『종교와 식민지 근대-한국 종교의 내
　　면화, 정치화는 어떻게 진행되었나』(서울: 도서출판 책과 함께).

이승만, 1953, 「한일통상에 대하여」, 1948년 10월 22일. 『대통령 이승만박
　　사담화집』, 공보처.

이준식, 2002, 「박정희시대 지배이데올로기의 형성: 역사적 기원을 중심
　　으로」, 한국정신문화연구원 편, 『박정희시대 연구』 서울, 백산서당.

이케다 다이사쿠, 2003, 『신·인간혁명』 제8권, 화광신문사.

장영택, 성낙서, 1974, 『한국 日蓮正宗을 解剖한다』, 壯文社.

조성윤, 2003, 「조선 전기의 이단배척운동-신사 방화사건과 유생집단」, 『한국사회사연구-화양 신용하 교수 정년기념논총』, 나남출판.

조성윤, 2005, 「제주도에 들어온 일본종교와 재일교포의 역할」, 『탐라문화』 제27집, 제주대학교 탐라문화연구소.

조성윤, 2010, 「개항 초기 서울 지역 민중의 근대적 국민의식 형성과정과 반일의식」, 한일관계사논집 편찬위원회 편, 『한국 근대국가 수립과 한일관계』, 경인문화사.

조성윤, 2010, 「천리교를 통해 본 한일 종교 100년의 교섭, "한국과 일본 100년", 한국사회사학회·서울대학교 일본연구소 공동학술대회 발표문, 2010년 10월 8일.

조성윤, 2013, 『창가학회와 재일한국인』, 서울, 도서출판 한울.

조성윤·김미정, 2013, 『숙명전환의 선물-창가학회 회원이 된 재일한국인들의 이야기』 서울, 도서출판 한울.

조성윤, 2017, 이승만 대통령의 정화 담화와 비구승의 정화운동, 미간행 원고.

荻野富士夫, 2012, 『特高警察』, 岩波新書.

田原総一朗, 2018, 『創価学会』, 毎日新聞出版.

秋庭裕, 2017, 『アメリカ創価学会<SGI-USA>の55年』, 新曜社.

찾아보기

Abstract : A story of Soka Gakkai Korea in 1964

Park Chung-hee, after seizing power through a military coup, was elected president of South Korea in the fall of 1963 due to a campaign pledge that he would liberate people from poverty. The Park administration sought economic aid from Japan to secure funds for the nationwide economic development scheme. Within this context, the South Korean government held a talk with the Japanese government. However, Japan did not apologize for colonizing Korea, nor did it intend to take its responsibility regarding war. The seemingly unilateral begging for negotiation led to a heated public backlash. People denounced the Park Chung-hee, administration as an unpatriotic pro-Japanese government.

January 1964 was when the third republic of South Korea started its governmental activities. Beginning early that year, the South Korean media made a condemnation of Soka Gakkai, a new religion originating from Japanese Buddhism which had just launched its missionary work in Korea, as an anti-nationalistic, Japanese-style religion. Established religions such as Korea's Buddhist Jogye order and Protestants took the lead in criticizing Soka Gakkai, while the then Ministry of Culture and Education prohibited propagating the religion in Korea. With the ban order issued, the Soka Gakkai members had to be watched by police. Soka Gakkai became a target for Koreans expressing their anti-Japanese sentiment, and was stigmatized as an absurd religion with uneducated believers.

What made the South Korean media make a sudden attack on that particular religious group, whose members reached no more than 3,000. The aforementioned events reflected the hidden intent of the Information Division of the Security Office, Ministry of Home Affairs. Since only a short period of time had passed since national liberation from colonial Japan, the public still vaguely feared Japan. People supported the government when it announced its commitment to stopping the introduction of the Japanese-style religion, claiming that what was pro-Japanese could do harm to the nation and the state, and would undermine the national spirit. The Information Division of the Security Office, Ministry of Home Affairs, used this public sentiment to distract people from the 1965 Korea-Japan treaty.

Members of Soka Gakkai Korea requested an official court trial. They claimed, "Freedom of worship is a constitutional right in the Republic of Korea. It is unlawful that the Ministry of Culture and Education issued the ban on the propagation of Soka Gakkai." Soka Gakkai Korea won the judicial dispute in the High Court, and the Supreme Court confirmed that no legal issues existed concerning the propagation of Soka Gakkai. However, society still displayed a cold attitude toward Soka Gakkai.

The government prohibited Soka Gakkai from engaging in

missionary work and monitored them by mobilizing the police. Such measures taken by the government were a violation of the Constitution, which guaranteed freedom of religion. Nevertheless, the government ban was widely accepted and well received by the public.

This is because the atmosphere which allowed the general public to accept the government's ban had already been formed in Korean society at that time. This can boil down to two elements: the anti-Japanese sentiment widely spread among the people and the ideas that the people had about pseudo-religions. Anti-Japanese sentiment, combined with ideas regarding pseudo-religions, made it possible to define Soka Gakkai as a Japanese-style religion and suppress it.

This book depicts Korean society in 1964, when the central government could achieve its goals, taking advantage of the framework of public awareness. This book has reconstructed the social context of the time by collecting and comparing data from newspapers and official documents published then. In addition, it has confirmed that anti-Japanese and pseudo-religious frameworks which complemented the notions of pro-Korean sentiment allowed the powers of the government to suppress religions. This book also suggests that in order to transform Korea into a society full of tolerance and peace in the years to come, it is essential to go beyond anti-Japanese and pseudo-religious frames

抄録：1964年, 韓国創価学会の話

1961年の軍事クーデターで権力を取った朴正熙は1963年秋の選挙で大統領に当選した。彼の選挙公約は豊かな国作りで貧困から抜け出す機会を国民に与えるというものだった。そのため朴正熙政権は経済開発計画推進に必要な資金を確保するために、日本から経済援助を受けようとした。こうした意図から朴正熙政権は日本政府と日韓会談を進めたが、日本政府はあまり関心を持てなかった。日本側は日韓会談の前に植民地支配について謝罪する意図はなく、戦争責任問題を解決する考えもなかった。韓国側から日本に物乞いをするような形で進められる日韓交渉に対して、国民の反対は激しくなった。韓国の国民は朴正熙政権を親日政府だと非難した。

1964年1月は、大韓民国の第3共和国が活動を開始した年だった。新年早々、韓国のマスコミは韓国に布教が始まったばかりの日本の仏教系新宗教である創価学会を「倭色宗教であり反民族的な宗教」だと非難し始めた。曹渓宗(チョゲジョン) の仏教とプロテスタントなど既成宗教界が創価学会に対する批判の先頭に立ち、社会団体も日系宗教である創価学会は韓国人の精神をかじって食べると批判した。こうした中で1964年1月に韓国の文教部は創価学会の布教禁止命令を下した。禁止命令が下されると、創価学会の会員たちは警察の監視下で過ごさなければならなかった。創価学会は韓国人の反日感情のターゲットになり、無知な人々が

信じる不思議な宗教という烙印を押されたのだった。

ではなぜ韓国マスコミと社会団体は、会員数が3000人余りにもならないこの宗教団体をそのように攻撃したのだろうか。ここには内務部治安局情報課の意図が隠されていた。その意図とは国民に自分のことを親日政府だとみなされたくないというものだ。国民の意見を聞き入れるふりをしながら日本からは経済協力を受けたかったのだ。

日帝の治下から脱したばかりの当時、韓国の大衆は日本に対する漠然とした恐怖を抱いていた。したがって、政府は「親日的な立場は民族や国家に反し国民の精神をむしばむものだ」とし、「日本宗教が入ることを防ぐ」とのスタンスをとった時、大衆の支持を得ることができた。韓国内務部治安局情報課はこの点を利用して、韓日協定に反対していた国民の批判の矛先を日系宗教である創価学会に回し向けたのだった。

布教禁止命令に対して創価学会のメンバーは裁判所に正式に裁判を申し立てた. 彼らは「大韓民国の憲法には信教の自由が保障されている。布教を禁止する文教部の措置は不当だ」と主張した。この法廷闘争は高等裁判所で創価学会が勝訴し、最高裁判所でも創価学会の布教に法的な問題がないことが確認されたが、創価学会を見る社会の目線はなお冷たかった。

政府が創価学会への布教禁止処分を下し、警察を動員して監視する措置を取ったのは、信教の自由を保障する憲法に違反したものだった

にもかかわらず、政府の創価学会布教禁止命令は、国民の間で広く受け入れられ、反響を呼んでいる。

これは当時の韓国社会には政府の布教禁止措置を受け入れる雰囲気がすでに形成されていたためと思われる。その背景として2つの要因が指摘できる。一つは国民の間に広がっていた反日感情であり、もう一つは類似宗教に対する考えだった。反日感情と類似宗教に対する観念が結合し、創価学会を倭色宗教と呼び、政府の弾圧を認める雰囲気が作られたのだ。

この本は公権力が大衆の認識の枠組みを利用しつつ、自らへの批判の矛先をかわすために日系宗教である創価学会を利用した1964年の韓国社会の姿を描いている。当時発刊された新聞や公文書綴などの資料を入手し、対照しながらその頃の状況を再構成した。そして韓国人の観念の中にある反日フレームと類似宗教フレームが、公権力の宗教弾圧を許容したことを確認した。今後、我々が韓国社会を寛容と平和があふれる社会にしていくには、反日フレームと類似宗教フレームを乗り越えなければならないという点を提示した。